日本移民日記

MOMENT JOON

岩波書店

まえがき

留学生、外人、ラッパー、韓国人……以前まで私を飾っていた他の言葉を置いておいて、あえて「移民」というタイトルでエッセイを書き始めた二〇二〇年の一〇月。一〇年間の日本での経験から「ネタはいくらでもある」と、甘い考えで始めたこの連載が、ここまで大きな課題と試練になるとは思いませんでした。岩波書店の月刊誌『図書』に寄稿したエッセイがきっかけで連載のお話を受けた時は、たしかに「「外人あるある」ぐらいの話ならいくらでも出来るだろう」と、本当に安易に思っていましたね。しかし、連載を終わらせて単行本の出版を目の前にしている今になって振り返ってみると、この「日本移民日記」が(いい意味でも悪い意味でも)自分の心と魂をどれほど変えたのか、恐ろしいぐらいです。

韓国生まれ育ちで、二〇一〇年に大阪大学に入学したことから留学生として日本に住み始めた私。二〇一〇年の若くて弱かった自分を覚えている私は、自分が「お金も力もない留学生」以外の何かとして人々に見られることに、未だに馴染めません。きっと世の中も自分も二〇一〇年からは大きく変わっているはずなのに、いざ何かあった時にはつい一九歳の時の目で世の中を眺めてしまう自分がいます。一九歳のキム・ボムジュンの目で見た日本は、彼の声が無視されるのが当たり前のところで、「留学生だから」「外人だから」という言葉が全ての答えになりうる、そういうところでした。

もちろん、今は二〇一〇年ではなく二〇二一年。私も一九歳の貧しい留学生から、三〇歳のアーティストMoment Joonに変わりました。日本で生活する者として、大学院生として、あるいはアーティストとして自分が手に入れたものがあって、それに伴う責任も影響力もあるのが、今の私の現実です。この「日本移民日記」は、ある意味で一九歳のキム・ボムジュンが「Moment Joon」の現実に気づくプロセスの記録かもしれません。「いわゆる普通の日本人には分からない我らの話をしてやる」から始まった文章が、単純なはけ口を超えて今の自分と日本を見つめるものへと次々に変わっていくような、その成長と変化の記録がこの「日本移民日記」ではないかと思います。

井口堂の自分の小さい部屋から大きくて眩しい舞台まで、そして音を超えて紙とインクで日本語を読む様々な人々の手元まで、私の声が届いているという奇跡。しかし、それをいつまでも「奇跡」と見るのではなく「当たり前」として受け止めて、それを使って次は何をしていくかを考える際に、私はこの本を開くことになると思います。移民である私の声が人々に届く「当たり前」を作ってくれた数えきれない人々への感謝を込めて、ありがとうございます。

Moment Joon

二〇二一年一〇月

日本移民日記　目次

まえがき

1 「いない」と言われても僕はここに「いる」……001

2 日本語上手ですね……015

3 引退します。ホープ・マシーン。……029

4 井口堂から、次のホームへ……052

5 「チョン」と「Nワード」、そしてラップ（前編）……070

6 「チョン」と「Nワード」、そしてラップ（後編） 091
7 僕が在日になる日 114
8 シリアス金髪 138
9 バッド・エンドへようこそ 147
10 私の愛の住所は 168
付録 僕らの孤独の住所は日本 179

装画・挿絵 芦野公平
装丁 川名 潤

1 「いない」と言われても僕はここに「いる」

「私は〇〇派です」の贅沢

「私は〇〇派です」「僕は△△派」と、自分が何者なのかをはっきりと言う人々を見るたびに、いつも「贅沢だな」とつい思ってしまいます。「塩ラーメン派」とか「とんこつ派」とか、「からあげ派」とか「ポテト派」とか……好きな食べ物、好きなアーティスト、好きなドラマとか趣味など、自分が消費するもので自分を定義するのは決して日本だけのことではありませんし、消費社会なら世界中どこでも同じです。「何を消費するか」で集まってコミュニティを作ったり、逆にそれが原因で笑われたり嫌われたり、酷い場合はいじめられたりすることはどの国でも毎日起こっています。しかし、「映画『ジョーカー』が好きなやつらはテロリストに同調する危ないやつら」とか、「小説『82年生まれ、キム・ジヨン』が好きなやつらは全員偽物の自称フェミニストだ」など、「何を消費するか」が自分のアイデンティティになるだけではなく、悪く言えば喧嘩、よく言えば激しい社会的議論につながることが多い他の国と比べると、日本の消費文化は比較的にまあ、静かな方でしょう。

「私は〇〇です」と誰かが言うのを見て私が「贅沢だな」と思うポイントは、彼らが「何」で自分を定義しているか、ではありません。「朝食で納豆食べない派」など、自分の行動と好みに基づいて「私はこんな人です」と自分から宣言できる自由、その自由が贅沢に見えるのです。私も「うすしお派」とか「ケンドリックよりは Big K.R.I.T. 派」などとたまに言ってみますが、それらは「韓国人」「外国人」という大きなカテゴリーに覆われて流されることが多いのです。

「日本人同士でも出身による偏見はあるよ」と言われるでしょう。もちろんです。しかし、その偏見のもとになっている情報量に注目してほしいです。例えば誰かが「大阪出身です」と言った時、自分が知っている大阪についての情報をもとにその人を見るのは、人間なら当たり前でしょう。「お笑いのセンスがいい」「お好み焼きが好き」「早口で声が大きい」とかの簡単なレベルのことから、地域差別につながるほどの悪い偏見まで、出身による先入観はもちろん存在します。ただし、これらの偏見は厳密に言えば、相手が「日本人」であると認識している上で「〇〇出身」という「追加分の情報」で相手を判断するものであり、つまり、そこには「日本人」という共通分母による情報が共有されています。だから別に出身地を知ったところでその人と付き合う態度が劇的に変わるわけでもありませんし、どう話せばいいかで困ることもないでしょう。桜島から来た人に会ったとしたら、もちろんいろいろ知りたくてたくさん質問するとは思いますが、だからと言ってその人とどう話せばいいか分からなくて困ることは絶対ないでしょう。「日本人」という共通分母があるからです。

日本語で喋ってるけど

一方、「韓国人」「外国人」というカテゴリーから伝わるものは追加の情報どころか、平均値にも達さないとぼしい情報に過ぎません。向こうに「韓国人」「外国人」と認識されてから話をすると、「日本人という共通分母」がなくて「こいつとどう話せばいいか分からない」と困る人をたくさん見てきました。「日本人」という共通点がなくても「人間」

という共通点から話をしていくのが一番理想的ですが、それが実はそんなに簡単ではないのです。

私はボランティアで大阪府内の小学校・中学校・高校でよく授業を行うのですが、外国出身だと自分を紹介すると多くの小学生から（たまに中学生からも）「韓国にも動物はいますか？」「韓国でも自転車乗りますか？」「韓国でも果物食べますか？」など、本当に基本的な質問を受けることが多いです。それは、「人＝日本人」という環境で育ってきた子どもたちからすると当たり前の好奇心で、私は笑顔で答えます。「うん、もちろんいっぱい動物いるよ」「みんな自転車乗るよ」「みんな果物大好き」と答えることで、子どもたちは「日本人ではなくても人」の可能性に気づいて、私の中に、自分たちと同じ「人間」としての共通点を見出すのでしょう。

「小学生だから」「子どもたちは何も知らないから」と安心するのは早いです。知らないのは何の問題もないですが、同じ人間だと教えてみせた後も、同じ目に遭うことが多いからです。日本で勉強する留学生たちの間では結構有名な「But we're speaking Japanese! 日本語喋ってるんだけど」というタイトルのYouTube動画があります。[1] 白人・黒人・アジア人の五人グループが日本のレストランで「すみません」と店員に声をかけますが、テーブルに来た店員はグループの人々の顔を確認してからアジア人の女性に「ご注文の方お決まりですか」と聞きます。すると隣の白人男性が日本語で「彼女は日本語が分かんないんですよ。今日のおすすめは何ですか」と聞きますが、店員は「すみません、ちょっと英語分かんないんで」と答えてまたアジア人の女性に「ご注文の方は？」と聞きます。黒人の男性が「いや、だから彼女はアメリカ人なんやて。日本語まったく分からへんねん」と言うのも無視して、またアジア人の女性に「お連れの方たちハンバーグですかねやっぱり」と言う店員。するともう一人の白人男性が日本語で「僕らはたしかに外見と言葉のギャップがあります。でも、もう二一世紀、外見とアイデンティティは違う」と言います。しかも日本語は母語！　出身も千葉県！　日本の野球チームも大好き！　と言って「お願いします。僕らの日本語を聞いてください！」と頭を下げて店員にお願いをします(完璧な日本語で！)。しかし、店員は困った顔のままアジア人の女性に最後の一言、「お飲み物の方、お決まりですか」と聞くのです。

「大げさ」「こんなこと実際にはありえない」と言い切る前に、なぜ多くの留学生がこの動画に共感したかの理由を考えてほしいです。この動画の核心である「目の前に存在しているのに無視されること」が日本ではザラにあるからです。白人である私の彼女に「見た目から日本語が話せないと思って、英語で話しかけた」まではいいとしても、日本語で答えて「日本語喋れるし」と証明した後も相手は英語で話を続けることを、いったいどう理解すればよいでしょうか。

「キャラクター」ではないといくら叫んでも

それは、相手が「日本人」じゃなくて困る部分や情報が足りなくてできた空白を「人間」というキーワードを使って理解するのではなく、「キャラクター」として理解するから起こる惨事です。二〇二〇年八月二八日、外国人記者の日本語による質問に対して茂木敏充外務大臣(当時)は英語で答弁し、その記者が「日本語でいいです」と返したことがありました。このやりとりを巡って「外相が外国人記者をバカにした／していない」とか「これは差別だ／差別じゃない」などの議論があったことを覚えていますか。私はこの事件が、まさに「人間」ではなく「キャラクター」として人を理解する行為の典型だと思います。茂木外相は英語で答弁を始める前に「英語でもよいでしょうか」など、向こうの意向も何も聞かずにいきなり英語で話し始めました。相手の見た目は白人、だからあの人は英語話者、だから英語で話す、というごくシンプルな理解だったでしょう。しかし、例えばその外国人記者が、見た目はバリバリの白人であっても全く英語が下手な人だったら、どうしますか？　ハンガリー語やフィンランド語話者だったとしたら？　英語より日本語の方が理解しやすい人だったら？　全て、「英語で答えてもよいでしょうか」と、一言聞いてみるだけで防げたはずのことです。善意か悪意かの関係もありません。一つの顔しか持たない「キャラクター」として人を見ないで、傷ついたり悲しんだり怒ったりする一人の「人間」として相手を見ていたなら、何かする前に相手の気持ちを配慮して意向を聞くのが、普通じゃないですか。

もし誰かに「観ないと殺されるぞ」と脅されても絶っ対に日本語吹き替えの映画は観たくないのも、「人間ではなくキャラクター」として人を見る態度が露骨すぎて腹が立つからです。日本の声優たちが世界でトップクラスなのは周知のことですし、私も個人的に好きな声優さんが何人もいます。しかし、その素晴らしい声で吹き替えられる人物たちのセリフは、日本語ネイティブが使う日本語でも、外国人が使う日本語でもない「変な国の日本語」です。不自然で、会話としても成り立たない不思議な言語。日本語吹き替え版の作品の中で、登場人物がものすごく感情的になって吐き出す言葉をよく思い出してください。

その言葉を、そんな声のトーンで、そんなリズムで話す人って、日本のどこにいますか？なぜ、生々しい「実際の日本語」を登場人物たちに与えないのですか？　人物たちの声を「変な国の日本語」に替えて観客に伝える吹き替え版の映画は、スクリーン上の非日本人の人物たちを観客と同じ「人間」として理解させるのではなく、変な世界に住んでいる「キャラクター」として理解するように誘導します。これを単純に「日本ではそもそも演技のリアリティーを追求しないから」と理解すべきでしょうか。

街で彼女と日本語で話していると、私たちを見ている人々の顔つきから「僕らを吹き替え版映画みたいな感覚で見ているのね」と、すぐ分かります。「めっちゃ寒さに強いでしょ」とか「ウォッカ好きでしょ」とか「ホッキョクグマ見たことある？」と聞かれる「ロシア人」というキャラクターも大変だと思いますが、「辛いもの好きでしょ」で終わらずに「日本が嫌いなんでしょ？」「トンスル飲んだことある？」まで聞かれる「韓国人」のキャラクターをぶつけられると、本当に体中の力が全て蒸発して無気力なマリオネットみたいになってしまいます。

私はあなたの「外人」ではない

「オッケー、皆が望む通りに「韓国人」になって踊ってやる」とつい思ってしまうのです。私だけの話ではありません。日本社会が思う「韓国人像」に自分が当てはまるという自覚すらない人も、自覚していて「これが僕だから」と堂々と生きる人も、やりたくなくても周りからその「韓国人像」を求められて仕方なく演じている人もいます。韓流だKポップだと注目されて（もしかしたら日本史上初めて）日本でいいイメージを獲得した「韓国人」というキャラクターを、いい方向に生かしている人々もいるのでしょう。ユーチューバー、ティックトッカー、韓国関係のお店や事業など分かりやすい「韓国ビジネス」だけではなく、例えば学校や職場で「韓国人だから強い」「韓国人だからカッコいい」など、自分のポジティブな部分が「韓国人」であることで強調されたり注目されたりすることは、個人の人生においてはきっとプラスだと思います。一方、その結果「やっぱり韓国は〇〇」という偏見が固まることを恐れて、「韓国人像」をうまくやりこなす人を嫌がる人もいますが、少なくとも私には彼らをジャッジする資格はありません。二〇一一年、私も「外人ラッパー」というタイトルでYouTubeに曲を上げたことがありますので。

その「外人」もそうですが、「韓国人」だけではなく「中国人」「白人」「アジア人」「黒人」「ハーフ」など、日本社会にはいわゆる「日本人」じゃない人々のための「キャラクター」が用意されていて、その中にはネガティブどころかむしろ憧れられるキャラクターもあります(白人の彼女と一緒に街を歩いてみるとすぐに分かります)。しかし、ポジティブに見えるその「キャラクター」も、所詮は「キャラクター」。諸刃の剣です。「○○は外国人だから自己主張がはっきりしていてカッコいい」が、「お前らの中で俺のこと上層部に言いつけたのは誰だ？　○○、お前だろう？」に変わるのは一瞬です。

もっと酷い例もあげてみましょう。「黒人はペニスが大きい」はアメリカの奴隷制の時代からあった、白人社会の恐怖と警戒心から生まれた偏見です。日本の男たちの下ネタの「あいつとこの前一緒に銭湯行った時に見たけど、マジで黒人サイズだった」とかに出てくる「黒人」は、その男たちにとっては憧れの対象であって、「何でそんなこと言うんだ」と聞いても「何が悪いんだ、むしろ黒人を褒める言葉じゃないか」と答えるでしょう。しかし、その偏見を強めてきた数え切れないぐらいの大量のポルノ作品と冗談の裏には、黒人を「性的に淫乱で動物みたいな存在」と描写し、白人の女性と性関係を結んだ黒人を殺したり、何の罪もない黒人を「白人の女性をレイプした」とリンチして殺してきた歴史があります。悪魔化(demonize)と英雄化(lionize)はコインの両面みたいなもので、そしてどちらも、「人間」として人を見るのではなく「キャラクター」として理解することに過ぎません。

別にキムチはそんなに好きじゃないとか、ウォッカは飲みませんし家族みんなお酒が嫌いですとか、肌は黒いけど日本語が母語ですといくら「僕らはそのキャラクターじゃありません」と叫んでも、正直切りがありません。あ、また来ました。「日本は絶対に変わらない」君です。私は決して「日本は絶対に変わらない」と言いたくありませんが、たしかに「我らは○○ではない」と叫び続けるだけでは足りない気がします。本当に日本を変えるためには、「我らは○○だ」とはっきり言わなきゃいけません。私にとってはそれが「移民」です。

「いない」と言われても移民は日本にいる

二〇一八年のある日、自分が置かれていた状況を冷静に考えた時、初めて自分は「移民」だと気づきました。それまでの私の人生は河出書房新社の『文藝』(二〇一九年秋季号)に発表した「三代　兵役、逃亡、夢」という小説に書きましたのでそちらを読んでほしいですが、過去はともかく、これからの未来を考えた時に「日本でしか生きていけないし日本で生きていきたい」という結論にたどり着きました。身につけた知識や芸が使えるのも日本、愛している人がいるのも日本、自分を分かってくれて味方になってくれる人々がいるのも日本。世界のどこにも行きたくないし行けないし行く理由もない。じゃ、これからもずっと「韓国人」「外国人」として日本で暮らすのか。バイトで「チョン」と言われて家に帰って泣いた日、「外人の女はヤリマン」と言われながらセクハラを受けた友達、「見た目が怪しい」と自分の家の前で月に何回も警察に止められるイラン人の知り合い……「外人」と呼ばれて「じゃなくて外国人」とか「韓国人」だと返しても、またその言葉に付いてくる偏見……。

その瞬間、「移民」という言葉が思い浮かびました。漢字そのままの意味は「移ってきた民」。その新しい鏡に自分と彼女、友達と様々な人々を映してみると、「外国人」「○○人」「留学生」では見えなかった大きな絆が見えてきました。

「移民」という言葉が英語ではどんな意味なのか、法律的にはどんな意味なのか、クソほども興味がありません。私が言う「移民」は「違う地域・文化圏から来て今ここに住んでいる人」を意味します。違う文化の間で苦しんだり、どちらの文化も自分のものにしたり、それらを融合して新しいものが作れたり、そんな全ての人が移民です。例えば田舎に生まれ育った人が上京した場合も、その文化の違いによって深くて濃い経験をするならば、その人は自分を移民と呼んでよいでしょう。

「外国人」という単語が「日本に来る前のお宅の国」を強く意識させるのに比べて、「移民」はその人が今この日本に住んでいることをはっきり示します。「外国人労働者」と比べても、「移民」は単なる労働力ではなく仕事が終わった後も日本で人生を過ごす「人間」をはっきり見せます。「○○人」「△△人」と、国や人種によって班分けされて見えなくなっているものの、実はものすごく共通するところのある様々なグループの経験も、「移民」を使えば一緒に語ることができます。「ハーフ」とか「ミックス」「ダブル」など、親の血統と見た目で人を定義する言葉と比べたら、「移民」「移民二世」という言葉はその人が育った文化や環境のニュアンスをより的確に伝えることができます。国籍で人を定義する言葉でもないので、日本国籍を持っている人なら「移民で日本国民」と言うこともできます。

そして何より、日本ではまだそこまで使われていない言葉だからこそ、われわれの手でその意味を作っていけるのが「移民」です。国が決めてくれた条件で成り立つのではなく、「私の人生はこうでした」という経験の上で自分から宣言できる言葉が、私が思う「移民」です。

もちろん一番理想的なのは「移民」という言葉も必要ない日本でしょうが、その日が来るまで、私は「キャラクター」ではなく「移民」として日本で生きていきます。入国管理局から「日本に移民はいません」と言われても、ネット上で「移民って何だよ？　アメリカの話？」と言われても、私を含めた誰かが「私は移民です」と言う瞬間、**日本に移民はいます。**日本の様々なところで、移民はすでにあなたと共に生きています。「キャラクター」を演じて日本社会の助演俳優・エキストラ・お客さんとして生きるのではなく、主体として日本を生きている人々が。これから移民である私が見てきた日本の様々な姿と人々、そしてそれから生まれる新しいものについて書いていくつもりです。どうか、付き合ってくださいませんか。

二〇二〇年一一月

（1）「But we're speaking Japanese! 日本語喋ってるんだけど」(https://youtu.be/oLt5qSm9U80) 以下、本書で紹介するURLは二〇二一年一〇月に閲覧したものである。

2 日本語上手ですね

「言語はツール」と「言語は縛り」

言葉・코토바・Kotoba・Котоба・ことば……私はたまに、この「言葉」なしで生きていけないだろうかと妄想することがあります。完全に不可能ではないかもしれません。例えばアリなどの昆虫は人類が使っている形の言語ではなく、化学物質を相手に嗅がせることで情報を交換するらしいです。匂いで挨拶とかはさすがに無理でしょうが、一応われわれ人間も言葉なしのコミュニケーションを毎日行っています。言葉では表現できない感情を歌で伝えたり、相手の中指にこっちも中指で答えたり、裸になってお互いの愛を確認したり……言葉なしで自分の考えと感情を伝えることも、不可能ではないかもしれません。

ほら、今このページの上で私もやってみます。準備、いいですか？　では行きます。せーの！　df・，えㄷあфмlf ㅠkだㅍㅒy・，ふㅂぁfをйуц ㄹㅁ ;.аж いん・，xk ぁう ew にぇ갉ㅂㅈ대 feaцкy; ㅇㅣjㅑㅈ cцЦ 랴ふぉ・，fjd さ m……

どうですか？　私の心、伝わったでしょうか？　いや、もちろん言葉なしで高度なコミュニケーションはできないでしょう。言葉を読む・書く・聴く・話すの中で最低一つの能力でも使わないと、われわれは社会の中で正常に生きていけません。私が日本で飯が食えているのも、言葉を使っているからこそ可能なのです。ラップの歌詞を書いて歌ったり、誰かに言語を教えたり、皆さんが読んでいるこの原稿を書いたり……ならば何故、私は「言葉なしの生活」を夢見るのでしょうか。

それは、私にとって言語は「縛り」であるからです。「言語はツール」は、もはや陳腐に聞こえるほどよく言われますが（特に英語に関して）、逆に「言語は縛り」という言葉はあまり聞かないですよね。縛りであることの一例として、「言語が人の思考と感覚の範囲を定義する」という考えがあります。科学的に証明されているかは分かりませんが、私の経験ではある程度本当だと思います。実際、英語と日本語を学ぶことで、韓国語によって構築されていた自分の思考と世界の限界が分かったからです。

しかし、一つの言語によって限られていた思考の可能性は、いろんな言語を学ぶことでむしろ広くなりました。音楽や文章で一番よく使う日本語についても、別に「日本語自体の制限」が私の言いたいことや考えることの邪魔になることはありません。私が「言語は縛り」と言う時、言語が縛っているのは私の「思考」ではなく、私の「舌」です。もっと具体的に言うと、私にとって言語は「足かせ」みたいなものです。

舌についている足かせ

どこに行ってもついてくるし、カチャカチャうるさすぎて周りの人々の注目を集めてしまう「足かせ」みたいに、私の日本語の「なまり」は、口を開いた瞬間、私を「罪人」にしてしまいます。一〇年も日本に住んでいるのに、私のなまりは決してなくなりませんでした。ものすごく平坦なイントネーションのソウル弁で育った私の耳は、日本語のイントネーションの高低をキャッチすることにとても弱いと思います。それがキャッチできたとしても、私の舌が思い通りに動いてくれる保証もありません。もちろん、話すこと自体は流暢に話せますが、いわゆる「ネイティブの日本語」を駆使するには、イントネーションの壁は私にとっては高すぎます。

別になまりが原因で困ったことがあったわけではありません。なまりのせいで「すみません、もう一度言ってもらっていいですか?」と相手から聞かれたことも今まで一度もなかったですね。「じゃ、何が足かせなんだ」と思われるでしょう。その答えは、「普通」という単語にあります。

皆さんの中には、自分は日本人と韓国人を見た目だけで区別できるという自信を持っている方もいらっしゃるかもしれませんが、残念ながら多くの人々はそのような超能力は持っていないのです。一九二三年の関東大震災の時、デマによって朝鮮人住民への憎しみを煽られた自警団や暴徒たちが、被災地の住民に「一五円五〇銭」という言葉を言わせて「正しい」発音ができない人は朝鮮人と判断して虐殺したという話を、聞いたことがあるでしょうか。もちろん、私の経験はそんな恐ろしい歴史とは比べ物にもなりませんが、言語能力が原因で「普通」の資格が奪われるという点では共通している部分があります。

なまりが原因で「外人」であると認識される瞬間、相手の顔が微妙に変わるさまを何回も見てきました。相手に警戒されず、匿名の「ただ一人」としてその場に存在できる特権は奪われ、私はその瞬間から「違うもの」としてその空間に存在するのです。コンビニに行くために家を出る時「一言も言わずに帰れるといいな」と思っている自分に気づいて、結局コンビニに行かずに部屋に戻った日の記憶……自分にとってはごく普通の日常の空間で、自分は「普通」ではいられない時の感覚……言っておきますが、私のこの経験は「差別」ではありません。「差別」とは、相手が「違う」と認識してから意識的・無意識的に行う「行為」のことです。私はその「行為」以前に、あなたが私のなまりを聞いて「違う」と認識する、その瞬間の感覚について話しています。

「日本語上手ですね」

自分の日本語のなまりについてずいぶん長く話しましたが、「いやいや、日本語上手ですよ、モーメント君」ともよく言われてきました。実は、今まで「日本語上手ですね」を何回聞いたか正確に覚えていますが、二〇二〇年の一一月二日の時点で合計一二万五六二八回でした。知っていましたか？　日本に住む「外人」なら、みんな自分が「日本語上手ですね」と何回言われたかしっかり数えているんですよ。私の彼女は三四万四六七回、日本語母語話者なのに見た目がいわゆるハーフの大学の知り合いは昨日聞いたら五万六〇四〇回だそうです。「日本外人協会」からの命令があって、毎年報告しなきゃいけなくて……。

冗談です。本当に信じちゃ困ります！　ただ、「日本語上手ですね」が多くの人にとってどうしても気になるフレーズであることは間違いありません。ある意味、この国で「外人」と見られている人なら、誰かに出会うたびに一度は聞かねばならない「儀式」みたいなものになっています。

「日本語上手ですね」は、言うまでもなく善意の褒め言葉です。なので、日本に渡ってきたばかりの頃に日本語ネイティブから「日本語上手ですね」と言われたら、誰でも喜ぶと思います。少なくとも私はものすごく嬉しかったです。だって、必死で勉強した自分の日本語がうまいと認められたのに、盛り上がらないほうがおかしいでしょう。

時間が経って、いろんな人々に会うたびに「日本語上手ですね」とまた言われましたが、喜びは前より少なくなっても、気持ちがいい言葉であることには変わりありませんでした。しかし、日本に住み始めて六、七年ぐらい経つと、「日本語上手ですね」と言われる時の自分の気持ちも、少しずつ変わりはじめました。

私はボランティアで大阪府内のいろんな学校によく行きますが、学校の待ち合い室で待機していると、こういうパターンの会話を担当の先生と何回も繰り返します。

担当の先生　あ、キムさん、阪大(大阪大学)なんですね。日本は長いですか?
モーメント　はい、今年で七年目です。
担当の先生　へえ、そうなんですね。日本語上手ですね。

よく一緒にボランティアに行っていたフィリピン出身の人もほぼ毎回、同じパターンの会話を経験しています。ちなみに彼は二七年以上日本に住んで、見た目も日本人に見えますし、実は日本国籍も取っています。そんな彼と学校の先生との間でよくある会話。

担当の先生　○○さん、今日は本当によろしくお願いします。○○さんは日本はどれぐらいですか?
知り合い　えっと、もうそろそろ二七年目ですね。
担当の先生　へ〜、長いですね。めっちゃ日本語上手ですね。

何かのパターンに気づきませんでしたか?「どれぐらい日本に住んでいるか」を聞かれた後に、「日本語上手ですね」と言われています。「日本語上手ですね」から複雑な気持ちが生まれるポイントが、ここです。

外国人なのに日本語がうまいのが興味深い↓だから何年住んでいるかが聞きたい、の順番なら分かりますが、七年、いや、もう二七年も住んでいると言ったのに、その人の日本語が上手なのがそんなに珍しいことなんだろうか、と思ってしまうのです。「日本語上手ですね」と言ってくれる人に悪意を感じるとか、気持ち悪いとか、傷つくといった話ではありません。私が複雑な気持ちになってしまうのは、一二万五六二八回も「日本語上手ですね」と言われてきたなかで、「日本人が定義する日本語とは何か」が少しずつ見えてきたからです。

日本語のアンキャニー・バレー

「日本人が定義する日本語」。その全体図を見るためには、もう「日本語上手ですね」と言われることもない人々の経験が必要となります。留学生たちの間には、「日本語上手と言われる段階でお前の日本語はダメ」という、冗談か警告かよく分からない言葉がありまず。私の大学の時の後輩や、バイトで出会った台湾人の知り合いなど、二四時間日本語で仕事をして生活をしても一度も「上手」と言われない人々が私の周りにもいます。うらやましい。そこまで上手になれば、好き放題に日本語を使っても「普通」とパスされるでしょうね。いや、でも本人たちによると、「日本語がうますぎて」起こる現象もあるらしいのです。

「アンキャニー・バレー(不気味の谷現象)」という概念を知っていますか？　われわれ人間は、人形やキャラクターなどの外見が人間と似てくれば似てくるほど好感を持つらしいです。しかし、ある一点を超えてあまりにも似てしまうと、その類似性が原因でむしろ違和、嫌悪、恐怖を感じてしまう。その「類似性」と「感情的反応」の関係をグラフで表した時、人間に似すぎて好感が激しく落ちる部分を「谷」に比して「不気味の谷」と呼びます。例えば人間の肌の質感や細かい表情まで再現しようとするロボットを見てわれわれが気持ち悪くなるのが、不気味の谷現象ですよね。

私の知り合いのネイティブ並の日本語駆使者たちは、自分たちが「日本語のアンキャニー・バレー」に入っていると感じている人が多いです。周りの日本語ネイティブの人々が、必死で粗探しをしているようにその人の日本語の細かいところまでを「評価」し、珍しく間違えると「喜んで」それを指摘する。自分らと区別がつかないこの「日本語達者」を、日本語ネイティブたちは必死で「我らとは違うもの」だと確かめたいのですかね。

ある一点を超えて日本語が「うますぎ」になってしまうと周りの日本人の態度がむしろ厳しくなるこの現象は、特に低いレベルから着実に勉強を重ねて今の位置に至った人々なら知らないはずがありません。今より日本語が下手だった昔は「日本語上手ですね」と言われて可愛がってもらったのに、日本語が上達して日本語ネイティブからの「認定」が要らなくなった今は、周りの日本人たちが自分を見て気まずく感じていることが分かるという……まあ、そもそも「可愛がる」こと自体が、日本語ネイティブとしてのその人の権威と優位性を、相手に確認させることですけどね。

日本語がうまいと「日本人の心」？

「日本人が定義する日本語」を理解するための最後のパズルがまだ残っています。「日本語のアンキャニー・バレー」に落ちている人々なら、「日本語上手ですね」の代わりに「○○さんは心が日本人だから」は少なくとも一回は聞いたことがあるはずです。中途半端に上手な私でさえ、大学の授業で「見猿聞か猿言わ猿」を引用しただけで教授から同じことを言われるぐらいです。常に周りの日本語ネイティブから「オーセンティックな日本語を使っているか」と必死にチェックされる日本語達者たちも、ちょっと違う雰囲気の場では「○○さんは心が日本人だもんね」とすぐ言われます。別に「魂」とか「ルーツ」とかいったシリアスな話をする時に言われるのではなく、飲み会で、職場で、日常的な空間で言われるのです。「必死の粗探し」が「内」と「外」の境が曖昧になることに対する恐怖心を表すならば、「○○さんは心が日本人」は異質なものを「われわれと同じもの」にしちゃって安心したい気持ちを表しているかもしれません。

もう一度言いますが、「○○さんの心は日本人」と言う人が善意なのはもちろん知っていますし、「これは差別だから言うな」みたいな低いレベルの話がしたいわけじゃありません。日本語がうまい非母語話者に「心が日本人」と言う人の考えの中の「日本語」とは何を意味するのかを見てほしいのです。

ある言語をマスターするためには、その言語が生まれた地域と社会の伝統・歴史・文化まで勉強して理解しなきゃいけないとか、もう当たり前すぎる概念ですよね。しかし日本語の場合、それが行きすぎて「日本人としての心、魂、精神」が日本語を使いこなすための「必須条件」みたいに考えられてはいないでしょうか。まさに、外国語を学ぶ時に言われる「言語はツール」という考えが、「日本語」には適応されていないということです。日本語も言語であるかぎり、個人の能力と努力によっていくらでもマスターできるツールに過ぎません。しかし、「日本語能力」と「日本人らしさ」を分けて考えられない人の前に、後天的な学習でほぼ完璧に近い日本語を使う人が現れると、目の前の「怪異現象」を説明するために「日本人の心を持っているから(あるいは手に入れたから)そこまで日本語ができるはず」が出てくるのではないでしょうか。英語が達者な人が「あなたの心はイギリス人ですね」とか言われたという話は、今まで聞いたことがありません。

「いや、そちらこそ上手ですね」

「日本語能力」を「日本人らしさ」と分離して考えることは、もしかしたら不可能に近いかもしれません。いわゆるハーフ、在日、日本語学習者、そしてこの島に住んでいる移民の人々の「生々しい日本語」が、無視されたり歪曲されたりせずに日本社会の感覚の一部になれる日は、永遠に来ないかもしれません。テレビに出る外国出身の芸能人やコメンテーターを見るかぎり、やはり無理だと思ってしまうのです。完璧な日本語を使いこなしているけど、結局日本の大衆が聞きたい話を「白人の口」から聞かせる存在に過ぎない人とか、日本が望んでいる「外人役」を大げさに演じる人を画面で見るたび、ツールとしての「日本語」が独立する日は、私の人生では見れないだろうと落ち込んでしまいます。

「モーメント君みたいな人々が堂々と自分らしい日本語を話していけばいい」と言われるかもしれません。まあ、一つの答えにはなるかもしれませんね。分かります。たしかに、私がアーティストのMoment Joonとしてやっていることは、日本社会が私に担わせる「外人役」を拒んで「俺こそが普通の人間だ」と宣言することです。実際に存在しているのに日本社会の大多数には知られていない（もしくは意図的に無視されている）現実を、テレビで、ラジオで、歌で、オンラインで、文章で見せていくしかありません。厚切りジェイソンよりもモーメント・ジューンがテレビに頻繁に映り、なまっている日本語で話しても「ステレオタイプ」じゃなく一人の人間として日本社会に存在する時代。それで「普通」の範囲が広がる時代を、頑張って作っていかなきゃ……。

しかし、コンビニで店員さんに「袋要りますか」と聞かれるだけで緊張してしまう人間キム・ボムジュンは、そんなファイターなんかになりたくないのも事実です。ただ「普通」で存在したいだけなのにファイターにならなきゃいけないなんて……戦っていくとしても、それ自体が一つのキャラクターになって消費されて終わってしまう可能性もあります。皆さんもある意味、そのような感覚で私の変わった日本語の文章を読んではいませんか？

まあ、口を開いたら「普通」の資格を奪われる私の経験なんか、見た目から「違うもの」と認識される白人である私の彼女の前では贅沢な悩みかもしれません。街中で知らない人から「外人ですか？」といきなり聞かれたことがある彼女は、そこで「はい、外人です」と答えたらしいです。ちょっと待って。これはひょっとしたら手がかりになるかもしれません。大したファイターにならなくてもできる、「日本語」の独立運動の手がかり。

善意の日本語母語話者　へ〜、モーメント君、日本一〇年目なんですね。いや、めっちゃ日本語上手ですね。

モーメント　いや、そちらこそ上手ですね。

善意の日本語母語話者　？？？

いたずら、と思われるでしょうか。いや、相手の褒め言葉にこっちも褒め言葉で答えただけです。そして何より、善意の言葉ですからね。日本語上手のあなたに、栄光あれ。

二〇二〇年一一月

3 引退します。ホープ・マシーン。

今回は、一二月前半の私のスケジュールに沿って話を進めたいと思います。主なスケジュールは以下の通りです。

一二月一日　ナイキのプロモーション、
一二月四日　アルバム『Passport & Garcon』デラックス版のミックス確認、
一二月七日　○○新聞の取材とNHK「バリバラ」の放送作家と電話、
一二月八日　シバさんと打ち合わせ、
一二月一一日　「日本移民日記」の第三回原稿送稿……

――おいおい、一番重要なものを書き忘れてないか？　一二月一二日、引退発表。

勝手に人を引退させるなよ。すみません、こちらは私と同居している「何も変わらない」君です。もともと静かなやつではありませんでしたが、この連載を始めてからはさらに調子に乗っています。私の話の途中で勝手に入ってくるかもしれませんが、あらかじめ私からお詫びします。

――「私の話」？　これは俺の話だ。邪魔しているのはお前の方だろう？

こいつとも、今日決着をつけます。

一二月一日　ナイキのプロモーション

ナイキと『i-D JAPAN』のコラボレーションである「フューチャーチェイサーズ」という企画に呼ばれて、一一月に東京で写真撮影とインタビューをしてきました。よい未来を作るために自分の分野で声をあげているアスリートやクリエーターたちを取り上げる企画、と聞いて参加しました。かなりカッコよく撮られた写真や、「普通」というものに対する私の考えが載せられたインタビューも気に入ったので、もっと積極的にSNSで広めたいですが……同じ「フューチャーチェイサーズ」という名前で、ナイキが公開した広告が話題になりすぎて、正直これ以上宣伝するのが怖いですね。

この広告と「同じ企画」として取り上げられるとは、いや、そもそもこういう広告が存在するとも聞いていませんでした。いわゆる「普通」の枠に入れてもらえない少女たちが、スポーツを通して自分らしさを見つけてそれを表現する勇気をもらうという内容の広告。(1) 大きな騒ぎになったことを、覚えていますか。

この広告に反対する意見の中には、「ナイキはウイグル人を搾取している」「ナイキは韓国側からお金をもらってこんな広告を作っている」「外国の企業が日本について文句を言うな」など、つまり「ナイキにこんなことを言える資格はあるのか」という声が多かったです。

「そんなことを言うお前も、実は汚いんじゃないか」と、問題提起をする人の資格自体を論点にする話し方を、よく「ワットアバウトイズム（Whataboutism）」と言います。「お前はどうなんだ主義」ぐらいに訳せばいいでしょうか。例えば「ヨーロッパでユダヤ人差別は未だに存在する」と誰かが指摘すると、「ユダヤ人もパレスチナ人を迫害しているじゃないか」と答えるパターンです。

ナイキの資格、そしてナイキの意図を攻撃する人々。しかし、ナイキの悪行によって、この広告に描かれている「日本の差別の実態」は存在しないことになるでしょうか。ナイキの問題について指摘して圧力をかけることは、本当に必要でよいことだと思います。しかし、他の問題を持ってくることで、「日本の差別」という目を背けたいような問題を覆い隠してしまいたいのが、この広告を叩いた人々の正直な気持ちじゃないでしょうか。両方頑張るのはダメですか？　ナイキの汚いところもちゃんと批判し圧力をかけて改善させ、このＣＭで描かれている差別問題に対しても、ちゃんと戦うべきじゃないですか？

――バーカ。「違和感を覚えた」って反応、見てないの？　日本の現実を認めたくなくて出てくる心理的防衛機制なのよ。その生理的な反応の前で論理の話をしてるの？　論理的なら何でも人の心に届くと思ってるの？

……分かってるよ。「ナイキの資格」云々がいくら論点外れだと思っても、この広告には僕だってどうしても不満がある。初めてこんなことを言うけど、日本の企業だったら人々の反応は違っただろうか。利益のために動く団体じゃなかったら、違っただろうか。そして何よりも、そもそもこのＣＭを作った監督・スタッフ・脚本家はここで描かれていることを直接的に経験している当事者だろうか……ナイキよりよいメッセンジャーが、同じことを発信したら違っただろうかと想像してみるのです。

——何が「もっとよいメッセンジャー」だよ。大手企業のプロモーションの駒に過ぎなかった自分の居心地が悪かっただけだろう？　お前だって、もしもっとギャラをもらえたら、何の文句も言わずにナイキ賛歌でも作るやつなんだろう？

それでも、発信の主体とは関係なく、この広告で描かれた物語が、日本社会の意識の中に必ず存在すべきものであることは間違いありません。なぜ今までこれぐらいの規模で語られてこなかったのかが不思議なぐらい、典型的といえば典型的な話です。しかし「気まずくて」誰も大きい声では言えなかった話。「ナイキの資格」を疑うヘイトコメントの数と比べて、「これは全部嘘だ、こんなの存在しない」という意見はかなり少ないです。みんなが何となく知っていたけど話さなかった話がやっと表に出たんだと思います。これで満足してはいけません。こういう話が増えなければならない。もっと説得力のある方法で、もっと真率な伝え方で、もっと、もっと……

——ほら、それでもナイキとのいい関係は維持したくて「それでもよかった部分」を評価してるだろう？　クソなやつ。

ヘイトコメントの一部は、「同じ企画」に参加していることになっていた私も叩きました。定番の「お前の国に帰れ」から、ハーケンクロイツの画像を貼る人まで……私がインタビューで実際に言ったことや作品への言及は一切なく、ただ韓国人だということを攻撃してくるから、正直痛くはなかったです。去年、『GQ JAPAN』のインタビューがヤフーニュースに上がった時、九〇〇件あまりのヘイトコメントが寄せられたのを見た時と比べればこれぐらい……今回の騒ぎを、より成熟した社会を作るための「成長痛」と思えば、なんとか耐えられる気も……

——大丈夫なふり？　それで自分をカッコよく見せたいわけ？　正直に言えよ。言葉では言えないぐらい絶望したって。

……そうだよ。実は絶望したよ。いくらネット上のものだと思っても何百何千もの憎悪と嫌悪を見ていると、絶望しないわけがないだろう……日本は、違う声なんか聞こうともしない。意味ないし、変わらない……。

いや、何百件のヘイトコメントが「日本に問題はない、うるさい北朝鮮人め」と叫んでも、日本社会の絶対多数が分かってくれなくても、少なくとも一か所だけはこんな私たちの物語を聞いてくれるはずだよ。絶望するには早い。日本にも、ヒップホップがあるから。

一二月四日
アルバム『Passport & Garcon』デラックス版のミックス確認

私が二〇二〇年三月に出したアルバム、『Passport & Garcon』のデラックス版を作っています。東京にいるプロデューサーが送ってくれたデータを確認して、修正の要望を詳しくメールに書きます。絶対に、絶対に年末までに出さなきゃいけない。絶対に……

――バカなやつ。何で自分を傷つけるものを愛してるのかしら。

移民としての私の夢、不安、野望、絶望、希望を歌ったこのアルバム。全然想像もできなかった様々な層の人々にこの作品が届いたのを確認するたび、胸が熱くなります。アジカンのゴッチ、坂本龍一、いとうせいこう、宇多丸さん、NHK、MBS、メジャー新聞社や出版社、そして「普段ラップは聴かないけどモーメントの曲はぐっとくるものがある」と言ってくれる人々まで……

――オエッ、気持ちワル。偽物の感謝モード。実は怒ってるくせに。

うるさいよ、マジで！　分かってくれてる人々には本当にありがたいと思っ――

――いやいや、嘘だろう。ヒップホップに無視されてることに怒って絶望して、感謝の気持ち

なんかぶっちゃけ薄くなってるだろう？

……半分は事実です。普段ラップを聴かない人々にいくら褒めてもらっても、「感動しました」と言ってもらっても、ヒップホップ、日本のヒップホップが反応してくれないと意味がないと、つい思ってしまいます。何もなかった自分をここまで導いてくれて、自分らしく生きるように励ましてくれたのがヒップホップだから。私の母、父、友達、恋人、先生、そして私そのもの。

ヒップホップ。今年の夏、「おまんこ」について歌った「WAP」という曲が大ヒットしたアメリカのラッパー、カーディ・Bは、バーニー・サンダース上院議員とアメリカの現状と未来について語る映像も撮影しました。女・車・銃について歌うギャングスター・ラッパーのYGは、自分のコミュニティを破壊するトランプに対して「Fuck Donald Trump」という曲を出しています。ゲイであるリル・ナズ・Xが二〇一九年の代表曲「Old Town Road」を作って大ヒットさせ、ハイチ移民であるワイクリフ・ジョンがグラミー賞を取り、マッチョイズムを拒否するラッパー、タイラー・ザ・クリエーターが若者たちの英雄になれる音楽。それがヒップホップです。世界で一番猥褻で一番チャラくて暴力的で物欲に満ち、同時に、世界で一番リアルで一番素直な音楽。そして、誰もが王様になれる音楽。抑圧された人々の声を届ける音楽。それが私が知っているヒップホップでした。

もちろんその「ヒップホップ」ってものが健全な形で働いているかは疑問です。どの国のヒップホップも、「産業」というものと共存しなければならないため、理想的なヒップホップは世の中のどこにも存在しないでしょう。しかし、それでも「ヒップホップ」の価値を共有している人々がいるかぎり、ヒップホップという「アイディア」はきっと死なないでしょう。ロシアやタイで民主化を歌うラッパーたち、中国で表現の自由を歌うラッパーたち、貧困と差別の経験から美しいものを生み出すラッパーたち。ここ日本にも……

——なんでぼかすの？　はっきり言えよ。日本にもヒップホップはあるの？

……もちろん日本でも、抑圧され疎外された人々がラップという表現手段を選んで、自分の物語を発信する事例はいっぱいあります。しかし、そういう人々が「日本のヒップホップを代表する顔」になることが、日本のヒップホップにおいて、許されているでしょうか。

「ラッパー」という時に思い浮かぶもの、渋谷のイケてる服装の若者や、貧しくて暴力的な環境から成功した人の「典型」を想像してみてください。その「典型」を超えた人が、日本のヒップホップの真ん中でトップになれるでしょうか。ゲイのラッパーが出てきて日本のヒップホップのキングになる光景、想像できますか。女性が日本のヒップホップのトップになること（Awichさん頑張れ）、想像できますか？　今まで日本のヒップホップが作ってきたスター像に合致せず、本当に自分が誰なのかを隠さないまま、Zeebraみたいな位置に立てる人が生まれる環境が、日本のヒップホップにはあるのか、聞いてるんです。

「実はこんなケースもある」とか、「異質」なアーティストで成功する人も、もちろんいます。しかし、そういう人々が日本のヒップホップの「ど真ん中」に立つ姿を、見たことがありますか？「はい、あんたはちょっと変わってるから」と、隅っこに片づけていませんか？

——お前が怖くて言えないこと、代わりに言ってやろうか？　今回の騒ぎの時、いや、そもそも日本社会で重大なことが起きた時、日本のヒップホップって文化として何か反応したりするの？「お前らはしょせん全員ラッパーごっこをしてるピーター・パンたち」と言いたいんじゃないの？

……異質なものに対する日本社会の気まずさ、そしてそれを黙らせようとする日本の感覚、よく分かっています。私が生きている間にそれが変わるとも、正直思っていません。

しかし、ヒップホップなら、ヒップホップなら違うはず。リル・ナズ・Xが、ワイクリフ・ジョンが、カーディ・Bが、タイラー・ザ・クリエーターが自分らしくトップになれる文化。周りの目線を怖がらずに自分を誇れる文化。そして、「変わったもの」扱いされて隅っこに片づけられずに、誰もが真ん中で堂々と歌ってその一部になれる文化。そんなヒップホップが日本にあるかぎり、日本もいつか変われると、思っていました。

――そろそろ本当のことを言ったらどうだ。そもそも日本で「ヒップホップ」という言葉は使わないのさ。「日本語ラップ」だろ。

でも結局、ここも日本社会の縮図に過ぎないのかもしれません。ここでも本当の意味の「異質物」たちは、頑張っても助演が限界、かもしれません。「モーメント、お前がイケてないだけだろう」と言われるでしょうか。『Passport & Garcon』を日本のヒップホップが無視しているのは、全部私の知名度のせいなんでしょうか。私もそう信じたいです。私の低い知名度が、日本のラッパーたちや関係者たちにここまで無視される原因だと、私もそう信じたいです。そうじゃなければ、ここまで多くの非ヒップホップ関係者が重要作だと言ってくれる『Passport & Garcon』がヒップホップからは無視される理由って、一つしかないからです。つまり、日本には……

――「いや、こういうアーティストもいるよ」と反論してくるやつらの声、聞こえてるだろう？　やつらには「隅っこで自分らしく生きること」と「真ん中で自分らしく生きること」の違いが分かんないのさ。諦めろ。

もしかしたら、日本には……

――そもそも存在しないものを愛しているから傷ついてるんだ。諦めろ。諦めたら楽になるぞ。

ヒップホップなんか、最初からなかったのかもしれません。

一二月七日　○○新聞の取材とNHK「バリバラ」の放送作家と電話

「ヒップホップがないとか何だ、別にいいだろう」と、自分に嘘をつきながらまた新聞社の取材を受けます。

取材に来た記者の方がずっとご自身のことを「普通の日本人」と強調する部分に違和感を覚えて、「普通」というものはある意味人工的でいくらでも変われるという話をしたら、私の発言で傷ついたそうです。取材の時に自分の気持ちや考えをはっきり表す人は今まで相当少なかったので、正直ありがたいと思いました。

「普通」という概念を自分から切り離して冷静に見て、日本社会が「普通」という枠を使ってどうやって人々を統治してきたかを考えましょうという私の発言を、その記者の方は「普通であるあなたは間違っている」と解釈したらしいです。「普通」の枠を揺らすと返ってくる「気まずさ」。いやになるぐらいお馴染みの反応。いや、分かっています。私も、たまに日本人と思われてある空間にいる時、みんなが共有するその安堵を、少しだけですが味わっているので。でも、その「普通」に入っていなくて苦しんでいる人々が「われわれも普通」と言える日本になってほしくて歌ったり書いたりしているつもりですが……というか、そもそもその「普通」を疑われるのが嫌なら、何でわざわざ私みたいなやつを取材しに来たのでしょうか。

——逃げたかっただろう？　急な連絡が来たとか嘘をついて、その場から逃げたかっただろう？

……もちろん取材は最後までちゃんと応じました。しかし、「普通を再構築しよう」と私が言えば言うほど、相手の「普通」の壁はさらに高く、硬くなる印象を受けました。俺って何でこんなことしてるんだろう。何で人を不快にさせてまでこんなことしてるんだろう。誰のため？　黙ってればいいじゃん。

——やっと分かってきたっぽいね。

取材の途中で、今度ＮＨＫの「バリバラ」という番組に出演しますと言ったら、なんと番組のプロデューサーとお知り合いだそうです。実はその日の夜、「バリバラ」の放送作家の方とも電話で出演の詳しい話をする予定でした。「素晴らしい番組ですよね」と言う記者の方に、「いいえ、全然足りないと思います」と私の意見を伝えましたが、それもその人を傷つけたでしょうか。

障害を持っている人や、様々なバックグラウンドを持っている人を取り上げる「バリバラ」は、たしかに今の日本で「普通」じゃない人々をあたたかい目線で描いている唯一の番組かもしれません。しかし、視聴者を気まずくさせない範囲内で「みんなとは違うけどいい子。仲よくしましょう」というキャッチフレーズを繰り返している印象は、どうしても消えません。私がラップを教えたネパール出身の高校生を番組で取り上げるということで、彼を応援したくて出演を決めましたが、正直モヤモヤする感じが少しあります。

——**いやいや、そもそも日本には「バリバラ」しかないって。これが日本の最善なのよ。**いや、もっとできるはずよ。この前に撮影した時も「外国出身ラッパーの先輩として彼にアドバイスを」と聞かれたけど、そもそもあの子は俺と違って「外国出身のラッパー」って意識すらないし、曲の内容もほとんどがラブソングなのにさ。「外国出身のラッパー」

というフレームがどうしても欲しいのでしょ？　そうじゃなくて、本人たちが直接自分の話を語れるようにしてみたら？　高校生に任せるのは難しいなら、実際にそのような背景を持っている人々を脚本家・放送作家・プロデューサーとして雇ってみたら？　自分が持っている影響力と機会を、そういう人々と分かちあって、本人たちの口から自分の話をさせてみれば？　何、それじゃ生々し過ぎて気まずいの？

――もちろんさ。そんなこと言うと相手は「傷つく」のよ。

はい、知ってるよ、無理でしょう。ヒップホップですら異質物は片隅に追い出されるのに。そう、「バリバラ」はすごいです。それで終わり。ＮＨＫが許してくれた多様性、万歳。

一二月八日　シバさんと打ち合わせ

――徴兵されたときに軍隊で使ったＫ２小銃、覚えてる？　今持ってたら銃口を口に入れて、簡単に終わらせられるのに。どうせ何も変わらないのさ。

黙れよ！　そんなことはもう考えないと決めてるんだよ。未来はある。世の中の誰も分かってくれなくても、俺を応援してくれてる（マネージャーの）シバさんのために頑張らな

3　引退します。ホープ・マシーン。

きゃ……

——いや、シバさんのためにも、ここで終わらせた方がいいのよ。

……ついこの前、銀行からお金を融資してもらったそうです。私のことをそこまで信用してもっと投資したいということですし、ある意味で今までの自分の実績も客観的に証明できたということだから喜べばよいと思いますが、正直、怖いです。

私の未発表曲で「TIME BOMB」という曲があります。就活をしていた当時の彼女がおそらく東京に行くことになりそうということから、二人のお別れを時限爆弾にたとえた切ない曲です。東京からの新幹線の中で、この曲についてシバさんと話したことがあります。歌詞の中の「ロシアから大阪」とか、ロシア語と韓国語が出てくる箇所を、もっと多くの人々が感情移入しやすいものに変えてみたらという意見でした。私は、そうなると私じゃなく他の人が歌っても成立する曲になるのでよくないと思いますと答えて、いつもの通りシバさんは私の意見を最優先に尊重してくださいました。

アルバム内の曲の歌詞にも書いてあることですが、シバさんの子どもが今年生まれました。シバさんは今も私の意思と世界観を何より重要なものだと評価してくださいますが、アルバムに莫大なお金を投資したシバさんが、黒字じゃなくてもせめて製作費だけでも回収できるように、デラックス版は絶対に売れなきゃいけません。「売れなきゃ」とか私に一切言わずにいつもの通り私の芸術を最優先にしてくださるシバさんを見るたび、むしろ自分の頭の中で「売れなきゃ」が叫びのように聞こえてきます。「日本語ラップとヒップホップの違いってなんだ、売れればいいやん。それができないから言い訳してるだけだろう？」「ＮＨＫに出られるだけで感謝しろ。いや、むしろもっと頻繁に出られるように今度会った時にちゃんと可愛がってもらえ」「そもそもお前が言いたい話は複雑すぎる。で？　日本は好きなの、嫌いなの？　はっきりしろよ」

——で？　そうしない理由って何？　やりたくてもできないだけじゃない？　背が低くて、ブサイクで、日本語なまってる外人よ。それとも何？　アーティストとしてのプライド？　お前を応援してくれる人々のため？　そんなやつらにとって、お前はサーカスの動物に過ぎないのよ。

いや、違う。俺を見てラップ頑張りますとか、俺を見てもっと自分らしく生きていける勇気をもらったと言ってくれた人々がいるよ。そういう人々は？

——そいつらも、いずれ学ばなきゃいけないのさ。何も変わらないということを。

そんなわけが……じゃ結局、いつもお前が言ってるみたいに絶望の中で生きていくしかないの？　われわれの選択肢は、それだけ？　俺の愛、正しいこと、夢……全部意味ないの？

——いや、実はね、最高の解決法があるのよ。みんなを満足させる方法が。

なに？

——死ねば？　死ねばいいのよ。

日本の無視が胸痛い？　あのCMに描かれたような物語が、お前の物語が無視されて目の前で否定されるのがつらい？　死んだら見なくていいのさ。いや、もしかしたら死んだことによって、やっと何かが変わるきっかけになるかもしれないよ。残酷な話、人生よりも死の方がインパクトがあるケースもあるからさ。お前が死ぬことで「R. I. P. Moment Joon」とツイッターに書く人々のことを考えてみろよ。絶対インパクトあるって。それでやっと日本が、ヒップホップが変わるきっかけになるかもしれないんじゃない？

お前が気まずくさせた人々？　お前が消えれば向こうもラッキーだろ？　「溝を深めることはやめろ」とか言うやつらにとっても、最高な結末なのさ。政治とか左とか右とか、そんな難しい言葉なんか相手にしなくていいのよ。平和が待ってるんだよ。

お前のファンだって、お前がここで死んだらお前の汚い秘密とか知らないままお前を英雄として覚えて生きていけるのさ。お前が好きなＥＣＤさんと一緒に語られるかもね。それでお前も「隅っこの神様」の一人になってこの島に残るのよ。お前を覚えてる人々が死ぬまで。

シバさん？　お前が死んで『デラックス』が遺作になれたら、最初予想した数の一〇倍は軽く売れるさ。そしてお前みたいなリスキーなやつにこれ以上投資しなくてもいいし。知ってただろう？　そろそろ音楽で見せられるものってないかもって？　自信もないままシバさんにまたお金使わせるの、酷くない？　赤ちゃんが可哀想じゃない？　お前さえいなくなれば「夢」なんかで悩む理由自体がなくなるのよ。

未来が怖くて泣くとか、誰かの傷ついた話を聞いて一緒につらくなるとか、落ち込むとか怒るとか、全部終わりよ。平和になる。

……俺がいなくなったら、お前はどうなるんだ。俺の唯一の友達。俺の寂しさ、俺の悲しみ、俺の絶望よ。

――勘違いするな。俺はお前には想像もできないぐらい巨大で古いもの。俺の口の中、喉の底をのぞいてみろ。この島で生まれて消えた数えきれないほどの全ての絶望がそこに沈んでいる。「日本は変わらない」が変わらないかぎり、俺はここにいる。また新しいやつがこの二五号室に入ってきたら、同じこと言ってやるだけさ。「変わらない」と。

無表情になった彼がポケットから何かを出して渡してくれます。

——**大丈夫。もう逃げなくていいよ。**

見覚えのあるカミソリ。

——**これで平和になろう。**

気づいたら、もう左手の手首は動脈に沿ってきれいに切られていました。よく冗談で「俺の血管に流れているのはきっとコーラとポテチ」と言いましたが、残念ながら普通の真っ赤な血です。スローモーションのように床に落ちる血。ちょっと待って。「日本移民日記」の原稿は送らないと。カミソリをパソコンの横に置き、血が流れる左手は使わず右手だけでGメールを開いて、編集者宛てのメールを書きます。「よろしくお願いします」までを右手だけで書いたあと、ファイルの添付も忘れずに。

パソコンを閉じて目を閉じます。あ、ツイッターにも書いとけばよかったのに。今までありがとうございました、と。この画面を借りてお別れの言葉を申し上げます。Moment Joon、今日をもって引退します。今まで、ありがとうございました。体が、軽い。やっと、深く眠れそうな、気がします。

……………………………………

……………………………………………………………………………………
……………………………………………………………………………………
……………………………………………………………………………………

……目が覚めたら、私はまだ死んでいませんでした。床の血痕は、そのまま。カミソリで切ったはずの左手首を見ると、たしかに傷跡は残っています。ちょっと待って、血は出ていませんが、傷口は開いたままです。痛みを覚悟して目をつむったまま傷口の中に指を入れてみますが、痛みは感じられず、骨があるべきところには冷たい金属のような感触が……傷口を広げてみると、自分の肌がまるでゴムパッドみたいにはがれます。肌色のゴムをはがしたら、そこには鉄でできた腕がありました。肩までゴム肌をはがして、ついに胸の方まではがします。鉄でできた左胸の上の丸くて小さいボタンを押すと、プシュッという解除音とともに、小さい引き出しが出てきます。そこには、何枚かの写真が入っています。顔。お母さん、彼女、シバさん、ファンの◯◯さん、テジュン、ボランティアで出会った在日の小学生、ハーフの◯◯ちゃん……

電話が鳴ります。シバさんです。右手で机の上のガラケーを取って電話に出ますが、口を開いて出てくるのは私の声じゃありません。

――あ、お疲れ様です。はい、はい。あ、そのデータはノアさんに転送しました。そしてNHKとも電話で……そうですね、いい機会ですね。あ、デラックスの曲順ですけど――

私の腕を使って電話に出て、私の口を使って話しているこの人は、誰？　もしかして――

――すみません、お待たせしました。「日本移民日記」の読者の皆さん、正式にご挨拶させていただきます。Moment Joonと申します。やっと皆さんの前で完全な自分としてご挨拶できて、本当にうれしいです。

誰かに盗まれて機械に改造された体。みんなが見たがるもの、聞きたがるものを生み出す機械。お金によって動く機械。

――いつも応援してくださる方々の前で、自分の醜い姿を見せてしまって申し訳ありませんでした。引退とか弱いこと言わずに、これからもMoment Joonは、音楽や文章で人々に希望を与えるために頑張っていきます。次回の「日本移民日記」も、どうぞお楽しみに！

偽りの希望を歌う機械。ホープ・マシーン。

――一緒に抱きましょう、希望を。

二〇二〇年一二月

（1）二〇二〇年一一月にナイキが公開した動画「動かしつづける。自分を。未来を。The Future Isn't Waiting.」（現在は非公開）は、スポーツに取り組む三人の少女のストーリーを中心に、在日コリアンをはじめ、日本における外国にルーツがある人々に対する差別や偏見について触れ、大きな話題になった。

4 井口堂から、次のホームへ

バイバイ、ホーム

ホーム。出身、家、うち、故郷……日本語だと「地元」が一番近い言葉でしょうか。ここ井口堂とグリーンハウスを「ホーム」と呼んで五年が経ちました。二〇一六年、初めてグリーンハウスの二五号のドアを開けた時は、正直ここが自分の家になるのだろうかと半信半疑でしたね。いったい何十年前に建てられたかも分からない古い壁に、木で作られた粗末な部屋のドア。シャワーは共用、和式便所も共用（三年前に大家さんがウォシュレットを設置してくださいました！　マジで心から感謝してます）。部屋の中には昔の日本のホラー映画に出てきそうな古い押入れと、前の人が使っていた古い冷蔵庫とベッド、そしてまだ退居していなかったクモたち。最初はめっちゃくちゃ怖かったこの空間が今や自分のホームになったなんて、やはり「時間が経てばどこでもホームになる」ってことですかね。

グリーンハウスの前に私がホームと呼んでいたもう一つの場所を思い出します。韓国の江原道《カンウォンド》の楊口《ヤング》という田舎の町にあった、第三一連隊の第三大隊の兵舎。係員として郵便業務まで担当していた昔は番地や郵便番号まで覚えていましたが、今はさすがに思い出せませんね。一九八〇年代に建てられた古い兵舎で暮らしていた第三大隊員たちは、何かの用事で他の部隊に行くことがあると、帰ってきてから「あいつらはエレベーターもあるんだぜ」とか、「パソコン室にエアコンがあってさ」とか、築五年ぐらいの隣の新式兵舎の話を自慢のように他の部隊員にしていました。

夏は(比較的)涼しくて、冬は寒い楊口。「死ぬほど寒かった」という自分の記憶が正しいか確かめるためにググってみると、私が一等兵だった二〇一三年の一月、楊口の気温はなんとマイナス二七・九度まで下がっていた、いや、凍っていたらしいです。たしかに、凍傷でケガした人も結構いました。いきなりの豪雪のせいで深夜三時半に起こされて、朝に司令部から追加の除雪剤が届くまでほうきでひたすら除雪作業をしていた楊口の兵舎。すぐ隣には射撃訓練所という、非日常のなかでもさらに非日常的な空間があったその兵舎でさえ、そこを去る頃には自分のホームになっていました。

フェイスブック友達になっている軍隊の後輩が、楊口の兵舎が撤去されたと、いや、部隊ごと解体されて再編成されたというニュースのリンクを送ってくれました。何を感じればいいか分からない複雑な気分。兵舎が撤去される前に行ってみるのも、悪くなかったかもしれません。昨日も夢で行ってきましたしね。

「なくなる前に、潰される前にもう一度見てみたい」という感覚。韓国に行くたびに自分が生まれ育った蘆原区《ノウォン》をさまようのも、だからかもしれません。私が日本に来た二〇一〇年、親はそれまで住んでいた蘆原の家を売って他の地域に引っ越すことを決めました。夏休みに実家を訪ねた私は、休みが終わって日本に帰る前に、付箋に詩を書いて九歳から使っていた古い押入れの中に貼りました。

壁が崩れる
屋根が崩れる
地獄の中にいた時も
ここを家と呼んでいたのに

私が日本に帰った一か月後、引っ越しの準備の最中に見つかったその付箋を見て、父と母と弟の三人は大声で泣いたらしいです。そうやって蘆原を出て一一年、今や韓国の家族は蘆原からは遠く離れている仁川《インチョン》に住んでいます。仁川からは電車で二時間以上かかるし泊まるところもないのに、それでも韓国に行くと私は一人で蘆原をさまよいます。失った家を捜して。この蘆原の家も、なくなった楊口の第三大隊の兵舎も、「失ったホーム」のリストに追加すべきかもしれませんね。

嵐の中の私のホーム

幸いにグリーンハウスに関しては撤去とかの話はまだ聞いていません。古くてぼろいのに、驚くほど強い家。外の嵐からいつも私を守ってくれるありがたい家です。

外国籍の人が日本で部屋探しをする時ほど、分かりやすく「差別」を経験する機会もないと思います。保証人もいるのに、いや、日本で職業も収入もあるのに入居拒否されたり、礼金や敷金を倍に要求されたりすることって、決して稀ではないのです。「それは大家さんの権利」と思われる人は、二〇〇七年の京都地方裁判所の判決(1)や関連する判決で、その違法性を理解していただきたいです。しかし、自分を「立場が弱い」と認識する多くの人々は「不当だし気分が悪いけど、抗議するのに時間もお金もかかるから他のところで探そう」と、傷ついたまま入居拒否を受け止めてしまうのです。卒業まで残り二年という頃、大学院に近い地域への引っ越しを準備していた彼女が「あんた外人？　いつ日本出たっておかしくないからもうちょっともらわないとちょっと難しいよ」と、あるおっさんに言われるのを隣で一緒に聞く気持ち、分かるでしょうか。

グリーンハウスは、違います。自転車に乗って毎日、黄色い毛のかわいい犬とお散歩に行く私の大家さんは、若い時にスペインに長く住んだことがあるそうです。そんな大家さんが経営するここグリーンハウスは、入居する時に礼金も敷金も必要ないし、外国人だからという不当な扱いもありません。退居も一か月前に伝えてちゃんと片づけるだけでオッケー。阪大や他の大学の学生さん、スーツを着て朝出勤するサラリーマン、夜中にギターを弾いて少しはうるさいけどドアをノックするとすぐ止めてくれる隣人、犬と生活しているおばあさん、家の前でバーベキューをして私にも一口食べさせてくれたおじさん、背の高いドイツ人の住人と若いベトナム人の住人、前を通るたびに焼き魚の美味しい匂いがするある部屋と、近くのカレー専門店で使うカレーを作る人……。そう、グリーンハウスはこんなところです。

こういうこともありました。客演で参加したある曲のミュージックビデオで使うために、自分の歌詞を赤いペイントで白い紙の上に書いたことがあります。二〇枚ほどの、なんとA0規格の超デカ目の紙に、真っ赤な字で私の恐ろしい歌詞を書いたのでした。ペイントを乾かすために共用スペースの洗濯物干しポールに紙を干して一日待ったのですが、次の日に取りにいくとなんと、下に落ちないように誰かが紙の左右を洗濯ばさみで固定してくれていたのです。二〇枚ほどの全ての紙に。洗濯ばさみは全部ビニール袋に入れて「ありがとうございます」の付箋とチョコレートを残しましたが、未だに私の歌詞カードの面倒を見てくれたのが誰だったかは分からないままです。

「IGUCHIDOU」のミュージックビデオを作った時は、グリーンハウスの前で撮影をしていた私とシバさんと撮影クルーを見たある住人が、「寒いから飲みながらやって」と言ってコーヒーを出してくれました。違う階にお住まいの方なのでお名前も知りませんし、何回かすれ違って顔を覚えているぐらいだったのに……初めてグリーンハウスに来たシバさんも撮影クルーも「ここってこんなところなんや」と驚きました。

世の中の嵐に疲れたまま帰ってきた時、私を守ってくれるグリーンハウス。いや、実は

グリーンハウス 2021.1

文字通りの嵐からも守ってくれたのです。二〇一八年六月の北摂地震も、恐ろしい威力の台風二一号とその後の停電も、グリーンハウスの住人たちはこのぼろくて古い家のおかげで無事でした。大家さんによると、一九九五年の阪神・淡路大震災の時もグリーンハウスは大丈夫だったそうです。

「やってはいけない」「常識に反する」という一言でカットされるのではなく、少しゆるいところ。そしてそのゆるさで周りがちょっと面倒をかけられても、お互い話しあって理解しあって一緒に生きる空間。夜遅くギターを弾きながら歌を歌う人も住めば、トイレットペーパーがなくなった便所に次の人が使えるように自分のものをそのまま置いといてくれる人も住む空間。停電になったら暗い廊下にろうそくを置いてくれる人々が住む、私のホーム。

愛してるよ、チビちゃん

私の曲「IGUCHIDOU」で初めて井口堂という地名を聞いた人なら、「井口堂」といえばとりあえずMoment Joonの名前が出てくるかもしれませんが、実際に井口堂界隈で最も有名なのは私ではなく、チビちゃんです。チビちゃんは、私の彼女が住んでいるマンションの大家さんの家族が飼っている猫です。一応ペットではありますが半分野良猫みたいなチビちゃんは、車が通る大きい道沿いで寝転んだり、近くのカフェやお好み焼き屋に勝手に入って店の人々やお客さんに甘えたりする、そんな猫です。駐車場の車の下、八百屋さんが捨てた段ボールの中、彼女が住むマンションの入口まで、全てがチビちゃんの領域です。人間になでられることを別に嫌がったりはしませんが、ちょっとなでさせてくれるからって優しいと油断してはいけないです。チビちゃんが近くの野良猫たちと喧嘩してるところを少なくとも五回は見ていますけど、荒い荒い、怖い怖い。

町を徘徊しすぎて、一〇日以上行方不明になったこともあったそうで、大家さんによると一〇日間一生懸命この近所を捜したのに、見つかったのはなんとここから三キロメートルも離れている箕面《みのお》市の警察署だったらしいです。普段、どこで何をしてるんですかね、チビちゃんは。

毎朝、出勤する彼女を送るために一緒に駅に向かう時に、私たちの楽しみはチビちゃんを見つけることです。見つかった日は写真を撮ったりなでたりしながらチビちゃんに「行ってきます」と言って、見つからなかった日は「きっとどっかですごいアドベンチャーをしているだろうね」と、彼女と「チビちゃんの冒険」の物語を作り上げながら駅に向かいます。たまに「バカ猫」「デブ猫」と呼ぶこともありますが、本音ではありません。実は本当に愛してますよ。

チビちゃんを飼っている私の彼女の大家さんは、兵庫県に広い農地を持っていますが、農繁期には学生たちをバイトで雇って一緒に種まきの作業をするので、私も何回も参加しています。彼女が金銭面で困ったとき、家賃を安くしてくれた優しい大家さん。大家さんだけではありません。近くのコープで私がコーラを買いすぎると「健康に悪いからお茶にしてみたら?」と言ってくれる店員のおばさんや、美味しいコーヒーをいれるサーファーカフェの店長さん。通い過ぎたせいで私の顔を覚えている近くのドミノ・ピザの店員たちや、論文で大変な時に差し入れを持ってきてくれた近くに住む大学の先輩。人だけではありません。箕面川のかわいい鴨たちと鷺たち、そしてヌートリアたち。夕暮れ時に飛び始めるコウモリたち。夜遅く散歩すると会える、まるで狼みたいな大きい犬。お正月に聞く家の前のお寺の除夜の鐘。午後四時五〇分の「コロナ対策」の市内放送と五時のチャイム。

新しいカステラ屋の美味しそうな匂いと、秋が始まると井口堂を覆う金木犀の香り……全て、いつかは「失われたホーム」になるはずのものですよね。

ノスタルジアの刃

インタビューとかでもあまり聞かれないことですが、私の名前の「モーメント」は、心がノスタルジアでやられていた一〇代の時に自分で付けた名前です。もう中学生の時から小学校の時に戻りたくて、また高校生になったら中学校の時に戻りたかった私。そんな自分を慰めるために「過去には戻れないけど、大丈夫。瞬間は永遠だから、決してなくなるわけじゃない」と、一七歳の自分自身に付けた名前が「モーメント」でした。

受験戦争にやられていた高校の同級生たちに、先生や親などの大人たちが「今のつらさだって、大きくなったら全部懐かしくなるぜ」と説教するたび、周りの友達は「何言ってんだよ。受験なんか早く終えて早く大人になっていろいろやりたいのに」と言っていましたね。しかし、すでにノスタルジアの感性が非常に発達していた私は「そう、今のこの瞬間は後で懐かしくなるから、後悔しないようにやりたいこと全部やっちまうぜ」と、大人たちの意図とは別に授業をさぼりまくりました。授業をさぼって市内の大きい書店に行って立ち読みで何百冊もの本を読んで、友達の家に行ってひたすら音楽を聴いてラップをして、漫画のレンタルショップで立ち読みし過ぎて店長から「バイトしたらただで読ませてあげるぜ」と言われて無給で働いて……そんなにやりたい放題やったことも懐かしいと感じてしまうのは、未練が残っているからでしょうか。いつまでも美しく輝くその瞬間と瞬間……いや、もう耐えられない。韓国行きのチケットを調べてみます。コロナで大変だけど、きっと行ける方法があるはず……。

いやいや、ちょっと待って。これは事実の半分に過ぎません。全てをノスタルジアのピンク色の色眼鏡を通して眺めてしまっては、その間に挟まれている赤色の記憶がキャッチできないのです。父の失業と失敗に終わった事業、同級生たちからのいじめと先生たちの黙認が続いた高校一年、受験のストレスでバルコニーから飛び降りた図書部の先輩と、その事実を隠ぺいしようとした校長、葬式にも行けなかった生徒たちと彼らを代弁して抗議したせいで校長室に呼ばれた生徒会長……未来への不安と絶望、「道はこれしかない」という社会全体のプレッシャー、「僕一人だけ間違っている」と感じる時の孤独と恐怖……その全てが懐かしいかと聞かれると、はっきりと「違う」と答えられるのですが、ノスタルジアが発動される時の自分の頭は、なかなかそこまでは考えが及ばないですね。

ついノスタルジアに酔っぱらってしまうのは、私だけではありません。大衆文化を見ると、それらはノスタルジアの暴走と言われてもおかしくない気もします。もちろんノスタルジアはいつも文化を動かす重要な原動力の一つでした。二一世紀のわれわれのノスタルジアの一部になっている『バック・トゥ・ザ・フューチャー』なども、映画が公開された当時は一九八〇年代の大衆文化が持っていた一九五〇年代へのノスタルジアを刺激する作品だったでしょうね。大衆娯楽や芸術がノスタルジアを材料としたのは、きのう今日の話ではありません。

しかし、二〇二〇年代のわれわれのノスタルジアは、前の時代のノスタルジアとはどこか違う気もします。特定の時代を懐かしく想って、その「よかった時代」の記憶をメディアを通して体験するだけではなく、今この瞬間の現実を「よかった時代」に引き戻そうとする動き。もちろん「復古主義」自体も新しいものではありませんが、今の時代で「よかった時代」のノスタルジアに酔う人々にとっては、技術の発達を利用して現実から目を背けて生きることだって、そんなに難しくないのです。

『クレヨンしんちゃん』の二〇〇一年の劇場版『嵐を呼ぶ　モーレツ！　オトナ帝国の逆襲』では、悪役は現代社会への嫌悪と過去へのノスタルジアから、昭和の日本を完璧に再現した都市を作り、同じく過去へのノスタルジアを持っている大人たちを拉致してその町に住まわせます。しかし主人公たちの活躍によって、悪役は時代が変わったことを、過去には戻れないことを直視するのです。「よかった時代」を物理的に再現してまで過去に戻りたかった悪役でさえ、今を生きるしんちゃんとその家族という「現実」を直視しなければならなかった二〇年前と比べて、今のわれわれは好きなコンテンツとメディアで自分を囲んで、認めたくない現実は「フェイク」と簡単に宣言することが可能になりました。

ノスタルジアの色眼鏡で過去を無批判に美化し、また現実そのものを過去の状態に戻そうとして、過去とは違う今の現実は「フェイク」だと宣言できる時代。「〇〇を再び偉大に」などというフレーズを思い起こす人もいるかもしれません。私がそうした言葉に接して思うのは、それを信じている人々からすると、彼らが「ホーム」を失った理由、いや、彼らから「ホーム」を奪ったのが、私みたいな移民の人々なのでしょうね。よそ者。異邦人。異物。ここを「ホーム」と呼んで愛していると言う私はフェイクで、「きっとどっかからお金をもらって反日活動をしているのだ」と宣言する人々。彼らの世界観からすると、彼らが知っていた日本を失わせたのは私なのです。彼らのノスタルジアが刃になって、私を自分の「ホーム」から追い出すことだって、残念ながら想像できるし、ありえると言える時代を生きています。

私のホームはあなた

故ＥＣＤさんの一九九三年の曲「ＥＣＤの〝東京っていい街だなぁ〟」には次のような歌詞があります。

東京ってもーダメなのかなあ
ベイビちゃん　ダメなのかなあ
上野はイランの人にさあ
あずけちまった方が
赤坂は朝鮮の人にさあ
あずけちまった方が
新宿はフィリピンの人にさあ
あずけちまった方が　この際

「朝鮮の人にあずけるとか、前から普通にそこに住んでたはずなのにな……」と思ってしまうのですが、それでもここだけを読んで、ＥＣＤさんも前に述べた「〇〇を再び偉大に」みたいな排他的なノスタルジアを持っていたと判断するのは本当に大間違いです。この歌詞の前の部分は東京から外国や他の町へ出ていく人々を見て感じる寂しさが描かれていて、この後の歌詞では東京だけじゃなく「日本・アメリカ・地球」がもうダメなのかなとＥＣＤさんは自問しています。少しすっきりしない部分があるのは確かですが、決してイラン・朝鮮・フィリピンの人に対する「憎しみ」から生まれた詩ではないのです。

時間が経つと物理的な物や空間が変わるだけではなく、人も変わりますよね。ＥＣＤさんほど、その「変化」のいい例もないと思います。日本にヒップホップを紹介した先駆者の立ち位置からより実験的な音楽スタイルへ、そして社会的な声をあげる曲を発表し始めて書籍の執筆まで。一つの時代で定義された自分に囚われるのではなく、常に「今」と話し合いながら変わってきた人。それがＥＣＤさんではないですか。

時間が経つことは空間や人の変化だけではなく、人の移動も意味します。出ていく人や入ってくる人、亡くなる人や生まれる人。常に変化をもたらす時間の流れを前にして、一九九三年のＥＣＤさんは寂しいと思ったり、変わってしまった今に違和感を覚えたり、過去に戻れないことを自嘲していたかもしれません。しかし、移民の私のライブを見にきてくれて、曲に合わせて一緒に手を上げてくれた二〇一四年のＥＣＤさんは、きっと違ったと思います。

「失ったホーム」を懐かしく想うことはよくない、と言いたいわけではありません。むしろその真逆です。私は、死ぬまで自分の失ったホームを思い出しながら心に刻みます。しかしそれは、「失ったホーム」を取り戻すためではなく、もう一度「新しいホーム」を作るためです。よく思い出してください。あなたの「失ったホーム」が愛しい本当の理由を。そこにいた人々、あなたと一緒に笑って怒って泣いてくれた人々がいたから、そこはあなたのホームだったのではないですか。私の小説「三代」に出てくる、私を自殺の直前まで追い込んでいた怖い先輩と暮らしたその「地獄」と、後で私の「ホーム」になった楊口の兵舎は、実は同じ建物でした。人が、ホームなのです。

手を伸ばしてくれて、温かく抱きしめてくれる人々。私の「ホーム」はそういう人々です。井口堂の住民、私の友達と彼女、ファンの人々。愛情を持ってこの文章を読んでくれているあなたが、私の「ホーム」なのです。チビちゃんに会えなくなって、グリーンハウスが潰されて「失ったホーム」になる日が、いつか来るでしょう。その日が来たら、私は涙と笑顔で失ったホームに感謝したいです。そして、そこからもらった温かさで、新しいホームを作ります。あなたが私のホームになってくれたように、私もあなたのホームになれることを望みながら。だいぶ遅れてしまいましたけど、あけましておめでとうございます。愛しています。

二〇二一年一月

（1）「入居申込者の国籍を理由に賃貸借契約の締結を拒絶したことの不法行為責任が認められた事例」(https://www.retio.or.jp/attach/archive/69-062.pdf)

5 「チョン」と「Nワード」、そしてラップ（前編）

無間修論地獄

すみませんが、一回叫んでから始めてもいいですか？　あ！！！！！　すみません、すみません。頭が、頭が回らなくて……今回は、意義深くて、個人的で、ヒップホップのファンではない人にも楽しく読めるものにしたかったのですが……頭が、正常に回りません。全て、修士論文のせいです。ご存じの方もいらっしゃると思いますが、私は大阪大学の音楽学研究室に所属していて、ついこの前、五万字ほどの修士論文を提出しました。しかし提出後も口頭試問・博士試験・修論発表があり、どうしてもこの論文の世界から解放されないのです。その結果、頭が、頭が……（歌詞も書きたいのに作詞モードに脳がシフトしない……)。

どうしても、自分の研究以外のことがじっくり考えられない状態なので、それなら仕方ないと、今回の「移民日記」は、私の修士論文の研究の話にしちゃおうと思います。この考えから解放されたいのに、わざわざもう一度文章にするなんて、正に無間修論地獄……。

一応論文をそのままここで公開するのではなく、内容も編集して読みやすく書き直しますが、内容的にどうしても硬い部分があるかもしれませんので、心の準備をしてください。論文のタイトルは「アメリカと日本の大衆音楽における差別用語の使用(主にヒップホップを中心に)」です。

※第五章、第六章に出てくる差別用語は全てカギかっこを使って表記します。「Ni**er」「Ni**a」の場合は、歌詞の引用などを除いては「Nワード」と表記します。

歌詞に「チョン」を使う、歌詞にNワードを使う

初めて「チョン」という言葉を自分の音楽に使ったのは、二〇一八年のSKY-HIさんの「Name Tag」という曲に客演で参加した時でした。私の「チョン」の使用に関してよく見かけるのが、アメリカのヒップホップでの「Nワード」との比較の話です。例えばニュー

スサイト、音楽ナタリーの「舐達麻、Moment Joon、KOHH……2019年もっともパンチラインだったリリックは何か？」という記事で音楽ライターの二木信さんは、私の「このクソチョンこそ日本のヒップホップの息子」という歌詞について「議論を展開するためにあえて英語圏の文脈に置き換えて思考すると、Nワードを含むようなラインと考えられるでしょうか」と述べています。「チョン」の使用とNワードの使用の比較は有効だろうか、という問いはちょっと置いといて、まずはNワードの方に注目してみましょうか。

「Nワード」とは、現代の英語圏で言う「Ni**er」や「Ni**a」という単語を、直接的に言わずに指す時に使う、代わりの言葉です。ある言葉を直接言及しないために代わりの言葉が存在することから、この言葉が持つ恐ろしさやタブー性が分かると思いますが、それは「Ni**er」がアメリカで、奴隷制の時代から現在に至るまでの根強い黒人差別を象徴する言葉であるからです。

「黒い」を意味するラテン語の「Niger」、そしてそれを語源とするポルトガル語・スペイン語の「Negro」から英語に入ってきた「Ni**er」は、アメリカの南北戦争以前の残酷な奴隷制の時代はもちろん、奴隷解放の後も「ジム・クロウ法」などに象徴される長く続く黒人差別の時代に、「武器」として使われてきました。

そう、武器なのです。誰かをバカにするとか嘲笑するといった程度の言葉ではありません。自分が生まれた国で二流国民扱いされ、殴られ、家が燃やされ、酷い場合は集団リンチによって殺されるなど、アメリカの黒人たちが経験してきた数えきれない苦難と痛みとともに、迫害者から浴びせられてきた言葉が「Ni**er」なのです。そのことを考えると、なぜ現代のアメリカでこの言葉が黒人に対する差別用語としてそんなに恐ろしいパワーを持っているのかが少し分かると思います。

こんなに恐ろしい言葉であるにもかかわらず、ヒップホップでは黒人のアーティストたちによるNワードの使用が本当に本当に多いのです。「自分を傷つける言葉をわざわざ自ら使うの？」と不思議に思われるかもしれません。差別用語を被差別者が自ら使うこと。その意味を「Reappropriation（意味の取り戻し）」という概念で考えてみましょう。

言葉の「意味の取り戻し（Reappropriation）」

『ウェブスター辞典』は「Reappropriate」を「何かを取り戻す、再占有する（to take back or reclaim〔something〕）」ことであると規定して、その例文として「誹謗中傷的な単語をRe-appropriateする（trying to reappropriate a disparaging term）」を紹介しています。ものではなく、言葉を取り戻す、しかも「差別用語」を取り戻すとは、どういうことなんでしょうか。

アメリカの社会心理学者、アダム・ガリンスキーらによる「THE REAPPROPRIATION OF STIGMATIZING LABELS: IMPLICATIONS FOR SOCIAL IDENTITY」(二〇〇三)という論文は、差別用語を「取り戻す」過程の三つの段階のモデルを提示しています。第一段階は、被差別者である「個人」が、自分や自分を含むグループを対象とする差別用語を「自ら」使うことです。ガリンスキーらは被差別者自らが「堂々とした態度」で自分自身を差別用語で指すことで、その言葉の否定的な意味を奪い、他人がその言葉を武器として使って傷つけてくることを阻止したり、また主体性を持って自分の自尊心を保護し、向上させたりすることが期待されると言っています。例えば、小学校で「〇〇ちゃん」といったあだ名でバカにされる子がいたとして、ある日「そう、僕は〇〇だ。だから何？」と堂々と言い返すことを想像してみると、分かりやすいでしょうか(日本の小学校に通ったことがないので、こんなことが起こりうるかは分かりませんが)。

第二段階は、被差別者の個人を超えた、被差別グループによる「集団的な使用」です。ガリンスキーらはこの段階で該当用語に肯定的な意味が付与されたり、その言葉をきっかけに被差別者たちが団結したり、誇りを感じたり、その言葉を使って他人に規定される危険性が低くなったりすることなどを述べています。そして第三段階は、被差別者たちが第一・第二段階で自ら差別用語を使った結果、社会全般(外集団)が被差別者たち(内集団)に対して持っている否定的な価値観(社会的スティグマ)などを疑い、自分たちの偏見や差別意識を「これって間違ってるんじゃないか」と振り返って、修正する段階です。

ガリンスキーらはこの三つの段階の成功は目に見えるものではないし、同じ言葉でも使用される地域・社会によっては成功の度合が全然違うかもしれないと慎重に記述しているのですが、それでもかなり興味深い考えであることは間違いありません。被差別者が自らを差別用語で呼んで、その言葉の否定的な意味を奪い、それを裏返したポジティブな意味を付与し、最終的には社会の偏見自体を変える。この「意味の取り戻し」の議論で必ず登場するのが、Nワードなのです。「ヒップホップと言えばNワード」と連想する人がいるぐらい、現代のヒップホップでのNワードの使用は本当に象徴的でよく知られているのですが、その使用は「意味の取り戻し」的な側面を持つのでしょうか。私の問題意識はここから始まります。

そして私はNワードに留まらず、日本のヒップホップでの差別用語の使われ方のことを考えてしまうのです。差別用語の意味の取り戻しに関しては、「例えば日本の場合……」

と説明することが難しいぐらい、たしかに日本ではなかなか前例のない概念かもしれません。にもかかわらず、日本のヒップホップでも差別用語の使用は多く確認されます。そして何より、自分が「チョン」という言葉を使用しています。ヒップホップで差別用語を使うことの意味を理解するのは、アーティストの私にとっても極めて重要なのです。

問題設定と差別用語の分類のモデル

私の研究は、次の二つの問いに答えることを目標としています。

1　大衆音楽での差別用語の使用は、言葉の「意味の取り戻し」の側面を持つのか。

2　大衆音楽での差別用語の使用は、聴き手の「社会的スティグマ」の認識に、どのような影響を与えるのか。

この二つの問いに答えるために数えきれないぐらいの曲を分析したのですが（少なくとも一〇〇曲以上。マジ死ぬかと思った）、様々な差別用語の使用を分析するために、自分で分類のモデルを考案しました。

その分類の軸の一つは「誰が、何を指すために使うのか」です。ここでは「外集団（その差別用語の差別的な意味の対象とならない人）」、「内集団（その言葉による差別の対象となる人）」、そして「物・概念」の三つの要素があって、総合すると次の六つのパターンが想定できます。

外集団（Out-group, O）、内集団（In-group, I）、物体・概念（Thing, T）

1 「外集団→外集団」の使用（ＯＯ）
2 「外集団→内集団」の使用（ＯＩ）
3 「内集団→内集団」の使用（ＩＩ）
4 「内集団→外集団」の使用（ＩＯ）
5 「内集団→動物・事物・概念」の使用（ＩＴ）
6 「外集団→動物・事物・概念」の使用（ＯＴ）

例えば非黒人が黒人をＮワードで呼ぶことは「外集団→内集団」の使用と考えます。黒人が他の黒人、または自分自身を呼ぶ時にＮワードを使うことは「内集団→内集団」の使用と言えますよね。そして、珍しいことではありますが、物や概念を呼ぶ時にＮワードを使う場合もあります。コメディアン・俳優・ミュージシャンであるドナルド・グローバーによると、彼はたまに車のシートベルトをNワードと呼ぶらしいです……。

分類のもう一つの軸は、「どんな意味で使われたのか」です。「差別用語だから差別的な意味に決まってるでしょ」と思うのは早計です。例えば英語の「Bitch」は、本来メスの犬を示す言葉であって(あんまり使われないと思いますが)今でも犬を指す時に使うことが可能です。もちろん、私たちがよく思い浮かべる「差別表現」としての否定的な意味で使われる場合もあります。またそれの差別的な意味を裏返す、前に紹介した「意味の取り戻し」的な意味の使用もありますよね。そして、必ずしも既存の差別的な意味を連想させない、新しい意味の使用もあります。総合すると、四つのパターンが想定できます。

1 差別用語としての否定的な意味とは無関係な、本来その言葉が持つ別の意味(別)
2 既存の否定的な意味(否定)
3 既存の否定的な意味を裏返した肯定的な意味(裏返し)
4 肯定的・否定的・中立な新しい意味(新肯定・新否定・新中立)

この二つの軸から、次のような分類のモデルが考えられます。

	本来その言葉が持つ別の意味（別）	既存の否定的な意味（否定）	既存の否定的な意味を裏返す意味（裏返し）	新しい意味（新）
外集団→外集団（OO）	OO 別	OO 否定	OO 裏返し	OO 新
外集団→内集団（OI）	OI 別	OI 否定	OI 裏返し	OI 新
内集団→内集団（II）	II 別	II 否定	II 裏返し	II 新
内集団→外集団（IO）	IO 別	IO 否定	IO 裏返し	IO 新
内集団→物・概念（IT）	IT 別	IT 否定	IT 裏返し	IT 新
外集団→物・概念（OT）	OT 別	OT 否定	OT 裏返し	OT 新

「使い手・指す対象」／「意味」による差別用語使用の分類

うわっ、なんかいきなりデカい表が出てきて驚いたでしょう。大丈夫です。実際この中で注目すべき分類は、そんなに多くないのです。例えば、私たちが普通に思う「差別表現」とは、外集団の人が被差別者（内集団）に向けて、既存の否定的な意味で使う場合なのでOI否定型と分類できます。そして「意味の取り戻し」は、被差別者（内集団）が自分自身や被差別グループの構成員（内集団）を対象に、既存の否定的な意味を裏返すからII裏返し型と分類できます。どうですか。そんなに難しくないですよね？

じゃ、問題の設定もオッケー、そしてそれに答えるためのツールの準備もオッケーです。実はここで「じゃ次は分析だっ！」と言うべきですが、実際の分析の例は多すぎるので、ここではその一部と考察だけを共有することに……どうしても論文が読みたい人は、口座振込お待ちしております。口座番号はゆうちょ銀行、24**691……。

アメリカのヒップホップでのNワードの使用の分析

本当に本当に珍しく、白人のアーティストが差別的な意味でNワードを使う場合もありましたが（アダム・カルフーン「Racism」）、まずはII否定型の使用に注目しましょう。

N・W・Aの代表曲「Straight Outta Compton」の拡張バージョン（一九八八）で、アイス・キューブは「サウスセントラルで何か起きたとしたら、それは何も起こらなかったことと一緒だ。ただもう一人Nワードが死んだだけ（When somethin' happens in South Central, Los Angeles, Nothin' happens. It's just another ni**a dead）」と言っています。聞くだけでつらくなるこの使用は、命を尊重してもらえない「くだらない存在」という、Nワードに含まれている黒人に対するアメリカ主流社会の差別意識をわざと口にすることで、差別の実態を描写する機能を果たしています。

II裏返し型の例ももちろん数えきれないぐらいあります。例えばアイス・Tの一九九一年作「Straight Up Ni**a」は、「怠慢」や「頭が悪い」といった、Nワードという言葉に含まれる黒人に対する悪いイメージをいちいち羅列した後に、「それでも俺は大成功して贅沢なライフスタイルを満喫する「Ni**a」だぜ」と自己宣言しちゃいます。またNワードという言葉の使用とともに繰り返されてきた、黒人に対するリンチなどの暴力に対しても「気をつけろ、俺は銃を撃ち返すNワードだから」と言っています。これらの表現は「貧乏」または「歴史的に暴力の対象となってきた」という黒人の社会的スティグマを表すNワードを、自分の財力・社会的成功・強い男性性と結びつけることで、社会的に弱い立場である自分(黒人)がむしろ「優位」であると宣言する、つまり「力の逆転」による「意味の取り戻し」であると見なすことができます。

面白いのは、ＩＩ裏返し型の使用の全てが「力の逆転」ではないことです。「i(Album version)」(二〇一五)という曲でケンドリック・ラマーは、Ｎワードが持つ否定的な意味と歴史を認知した上で、同じ発音でエチオピア・セム諸語で「王族」を意味する「Negus」を意図して自分自身をＮワードと呼んでいます。これは、奴隷制や奴隷のイメージと深い関係を持っている既存のＮワードの意味を「王族」に裏返す使用ですよね。「お金持ち」「強い」「魅力的」など、他人との優劣の比較ができる価値で自分をポジティブに描写するのではなく、「自分の存在そのものが貴重で尊重されるべき」というケンドリックのＮワードの使い方は、「全てのＮワードはスターだ」と歌ったボリス・ガーディナの「Every Ni**er Is A Star」(一九七三)とも似ています。あら、そう思えばこの曲、ケンドリックがサンプリングしてなかったたっけ……。

しかし、現代のヒップホップで最も多いＮワードの使用パターンは、ＯＩ否定型でも、ＩＩ裏返し型でもなく、「新しい意味としての使用」です。ＯＩ否定型とＩＩ裏返し型が何らかの形でＮワードに含まれている黒人差別の意味を聴き手に認識させるのと違って、この「新しい意味としての使用」は、必ずしも既存の否定的な意味を聴き手に認識させません。例えばYGの「My Ni**a」(二〇一三)という曲は、自分の信頼できる仲間たちの「怖がらない」「強い」「信頼できる」などのポジティブな属性を描写する時に「やつらは俺のNワードだ」と呼んでいます。この使用例からは、Nワードが社会的に持つ差別的な意味への言及は特に見つかりませんよね。したがってこれは新肯定型と分類できます。

またII新否定型の使用も見られます。ある人を「臆病」とか「男らしくない」などと言って攻撃する文脈で「ビッチなNワード」がどれぐらい使われているかは、もう想像もつかないほどです。「Bitch ni**a」「Fake ni**a」「Dumb ni**a」など、特に既存のNワードの差別的な意味とは関係なくても、否定的な属性と結びつけて使われるパターンは新否定型と分類できます。

特に肯定的なイメージや否定的なイメージと連携して使われず、ただ誰かを指す「呼び名」としての使用も見えます。例えばドレイクは「0 to 100/The Catch Up」(二〇一四)で彼の親友のプロデューサー、ノア・40・シェビブを「my ni**a」と呼んでいます。ここで注目すべきなのは、黒人ではない人に対してもNワードで呼ぶ例がかなり多いことです(ノア・40・シェビブは白人)。これは新肯定型・新否定型とも共通することで、II新肯定・新否定・新中立型だけではなく、黒人ではない人を対象とするＩＯ新肯定・新否定・新中立型も確認されます。

　前に少し触れたように、実は、黒人ではない人をＮワードで呼ぶだけではなく、黒人ではないアーティストがＮワードを使う事例も見られるのです。メキシコ・プエルトリコ系(6ix9ine)、プエルトリコ・キューバ系(ファット・ジョー)、アラブ系(フレンチ・モンタナ、ＤＪキャレド)、中国系(チャイナ・マック)、カンボジア系($tupid Young)など……例えば$tupid Young は二〇二〇年の作品「Stay Down」で、仕事で忙しい自分の日常を描写しながら「a ni**a life's a mess」と表現したり(新中立型)、立派な自分を「standup ni**a」と呼んだり(新肯定型)、そして他の臆病な男性を「pussy ni**a」と呼んでいます(新否定型)。そしてまた、$tupid Young と対立している他のカンボジア系のラッパーは曲中で彼をＮワードを使って攻撃したり(ＯＯ新中立・新肯定・新否定型)……。

　非黒人アーティストによるＮワードの使用には、いつも「Ｎワードを使う資格は誰にあるか」の議論が付きものです。例えばプエルトリコ・キューバ系のアーティスト、ファット・ジョーは、他の黒人によって自分がＮワードと呼ばれてきたことや、ヒスパニックと黒人のコミュニティが一緒に生活してきたことを述べながら、彼自身がＮワードを使うことの正当性を説明しました。このように、自分と黒人コミュニティとの関係性や、差別の当事者性などを理由にNワードを使うアーティストもいますが、それでも「何で黒人じゃないのにNワードを使うの」という議論がこれらのアーティストにいつも付いて回ることは、これがただ「俺の地元の黒人の友達たちはオッケーと言ってるぜ」ぐらいで決着が付くような議論ではないことを示しています。

Nワードを使うことを考える

では、議論の最初に提示した二つの問いに答えてみましょうか。「Nワードの使用が、言葉の意味の取り戻し的側面を持つか」に関しては、もちろんそのような例が多く確認されました(II裏返し型)。しかし二つ目の問い、「Nワードの使用が聴き手の社会的スティグマの認識にどう影響するか」の答えは、そんなに簡単ではないのです。

まずは、この話が「音楽」だからこそ生じる特殊性について考えなければなりません。例えば、楽曲内で使用される差別用語は、「作品の一部」として認識される可能性があります。ケンドリック・ラマーが二〇一八年のライブで、あるファンをステージに立たせて彼の曲の一節を歌わせたことがありましたが、白人であるそのファンが歌詞の中のNワードをそのまま歌うと、ケンドリックはそのファンを止めて「その言葉はなしでもう一回やってみて」と頼んだのでした。この出来事には、アメリカ社会でタブー中のタブーであるNワードでも「作品の一部」だと認識して歌ったそのファンの見方、そして「作品の一部」だとしても白人によるNワードの使用には不快感を覚えるケンドリックの見方が現れていて、普通の会話と違って「音楽で」差別用語を使うことの特殊性が見えると思います。

「音楽」だからこその特殊性はそれだけではありません。例えば、普通の会話で誰かが差別用語（あるいは差別用語と思われる言葉）を使ったとしたら、使用者は相手や周りからの直接・間接的な反応を感じて、その言葉のニュアンスや文脈上生じる意味などをより詳しくキャッチできますよね。あなたが私の前で「チョン」という言葉を使った瞬間、私の表情が変わるとか、もしくは私から直接その言葉についての意見を聞くなどの追加情報を得ることで、あなたが「チョン」に対して持つ印象や考えは変えることができます。しかし、「音楽」に使われた差別用語を理解する時には、そのような追加情報は得られず、その「音楽」のみが理解の材料の全てなのです。

「音楽」のみが差別用語の意味を理解する材料の全てであることは、前に紹介したOI否定型の使用、またはII裏返し型の使用の場合は、特に問題になりません。どちらも、

Nワードが持つ本来の否定的で差別的な意味に触れていますから。しかし、新肯定・新中立・新否定型の使用になると、話が変わります。例えば、ある黒人のラッパーが自分の財力を自慢しながら「俺はリッチなNワードだぜ」という歌詞を書いたとしましょう。その時に特に「貧しかった過去」についての描写がなくても、その歌詞を書いた本人、または彼と似たような経験を共有する「内集団」の人には、今のNワードを使った財力の自慢が「意味の裏返し」として機能するかもしれません。しかし人によっては、特に聴き手が被差別の経験がなく、関連知識の少ない「外集団」である場合は、そのような「目に見えない意味の裏返し」の意図がキャッチできない可能性があるのです。差別の現状をよく知らない人にはキャッチできない「意味の裏返し」の使用。意味の取り戻しの第三段階、つまり、ある差別用語の既存の悪い意味を裏返す様子を見た外集団の人々が「そもそもあの言葉が表す偏見って間違ってたやん」と、自分の考えを修正すべき段階において、「意味の裏返し」の意図を誤って受け取ってしまうことは、決してよいことではありませんよね。

実は、十分な文脈の提示がなくて「裏返し」としての使用の意図がキャッチできないことよりも、もっと悪い可能性も考えられます。それは、Nワードにまつわる「新しいスティグマ」が現れる可能性です。Nワード、またその言葉が含む黒人に対する社会的スティグマについての知識に乏しい聴き手は、Nワードの歴史的な文脈についての言及がない新肯定・新中立・新否定型の使用例を聞いて、そこでNワードと結びつけられる属性を「黒人自体の属性」と勘違いしてしまうかもしれないという可能性です。

例えば、前述の白人ラッパー、アダム・カルフーンの「Racism」(二〇一八)という曲があります。彼はこの曲で、ヒップホップの楽曲によく登場する車・女・マリファナなどのモチーフをNワードと結びつけて、「お前らNワードたちは、こんなもんばっか好きなんだろう」という新しい偏見を表明しています。私はこのような事例から、Nワードと関わる「新しいスティグマ」が現れる危険性が存在するのではないかと思っています。

このような勘違いの危険性は、現代のヒップホップにおいて、Nワードの対象範囲が曖昧なこととも関係しています。例えば、ジェイ・Zの二〇一三年の曲「Crown」には「Nワードたちはいつも他のNワード(文脈上、彼自身を示す)を倒そうとする(Ni**as always try to knock a ni**a down)」という歌詞がありますが、この場合ジェイ・Zが「Ni**as」で指す不特定多数の「彼ら」や「やつら」の範囲が「黒人」だけに限られているのか、黒人を超えた人々までも一緒に意味しているのか、はっきり言えないのです(非黒人をもNワードで呼ぶ例が多すぎるので)。そして「黒人」のみを対象としているとしても、「特定の黒人の個人や集団」を対象にするのか、「黒人全体」を示すのかも不明確なのです。こんな状況では、聴き手にとっては「いつも誰かを倒そうとする悪い属性」を「黒人全体」と結びつけて理解する人が出てくる危険性がありますよね。「だってジェイ・Zが黒人はみんなそうだと言ったもん」と思うでしょうから。ジェイ・Zは「黒人全体」ではなく「ある特定のグループ」、しかも黒人だけの集団を意味したわけではないかもしれないのに、です。

結……論?

ふー、長かった。ここまで、アメリカのヒップホップでNワードが使われた事例の分析、そしてそこから派生する論点について述べました。実は論文ではヒップホップ以前の他のジャンルのNワードの使用についても語ったり(パティ・スミスとか、ジョン・レノンとか)、事例の分析もこの三倍はあるのですが……。

被差別者が自ら差別用語を音楽で使うこと、いや、少なくともアメリカのヒップホップで黒人アーティストによるNワードの使用は、様々な側面を持つのです。それは、その人が置かれている社会の差別の実態を描写するためにも、またはその差別用語のネガティブな意味をポジティブな意味に裏返すためにも使われます。それだけではなく、下手したら新しい社会的スティグマを生み出すかもしれない危険性についても論じました。

しかし、ここで止まってしまうと意味がありません。ブラック・ライブズ・マター運動が話題になった時に、「はいはい、それはアメリカの話ね。日本は該当事項なし」などと、日本の現状を見ようとしない人々にはショッキングかもしれませんが、日本にも、差別があるのです(何だと?!)。そしてヒップホップは、その日本の現状を辛辣かつ素直に反映しています。次回は、日本のヒップホップでの差別用語の使用、主にNワード、「ジャップ」、「外人」、そして「チョン」に関する話をしたいと思います。無間修論地獄は今日も終わらず……。(続く)

二〇二一年二月

(1)「パンチライン・オブ・ザ・イヤー2019(前編) 舐達麻、Moment Joon、KOHH……2019年もっともパンチラインだったリリックは何か?」(https://natalie.mu/music/column/365986)

6 「チョン」と「Nワード」、そしてラップ（後編）

今回はやっと、日本のヒップホップで差別用語が使われた事例について論じます。本格的な議論に入る前に、二つの点だけはっきりさせておきたいです。

1　あるアーティストによる差別用語の使用を「正しい」「間違っている」と判断するのではなく、その言葉が示す社会的スティグマが聴き手にどのように伝わるかを論じたいこと。

2　Nワードと同じぐらい大きな存在感を持っている「Bitch／ビッチ」の分析が欠けているため、議論が不完全であること（私の能力不足で入れられませんでした……博士課程に合格しましたのでこれからの研究できちんとやります！　勘弁してください！）。

※以下、アーティストの敬称は省略します。

「ちびくろサンボ」「コーヒー豆」、そしてNワード

日本にも黒人に対する差別は存在します。「そんなものはない！」と反論したい人々には、文化人類学者ジョン・G・ラッセルの『日本人の黒人観――問題は「ちびくろサンボ」だけではない』（新評論、一九九一）を読んでほしいです。

ここで確かめておきたいのは「日本に黒人差別が存在するか」などといった当たり前すぎる話ではなく、日本での黒人差別と「言葉」の関係です。「黒人に対する差別的な日本の言葉とは何か」と聞かれた時に、あなたの頭に思い浮かぶ言葉は何ですか。その答えの中に、Nワードは入っているでしょうか。

様々な差別用語についての議論や論争などをまとめた高木正幸の『差別用語の基礎知識'99』（土曜美術社出版販売、一九九九）は、日本での黒人差別に関する事例として、イギリスの作家ヘレン・バンナーマンの絵本『ちびくろサンボ』に登場する黒人の描写をめぐる日本での批判の声や議論、そして絵本の絶版に至った経緯について紹介しています。「ちびくろサンボ」や「サンボ」といった言葉の使用に関する議論ではありませんでしたが、少

なくとも一九八〇年代において、これらの言葉が日本社会が「差別的」だと思うイメージを示していたことは確認できます。

先ほど紹介したジョン・G・ラッセルは『現代思想　総特集◎ブラック・ライヴズ・マター』(二〇二〇年一〇月臨時増刊号、青土社)への寄稿で、黒人を「猿」と描写する日本のポルノの例も挙げています。またYouTubeの「ケバブチャンネル」の「日本で生まれ育った外国人が人種差別(いじめ)について話す。」という動画では、「コーヒー豆」という言葉で日本人から差別を受けたことも確認できます。

以上の事例から、日本で黒人をキャラクター化したり、黒人の人間性を奪ったりする描写の時に「ちびくろサンボ」「コーヒー豆」「黒」「猿」などの言葉が使われてきたことが確認されます。しかしこれらの言葉のどれも、アメリカでのNワードが持っているような、「日本で黒人差別を表す言葉といえばこれ」と言える象徴的な地位は持っていないと思われます。日本のヒップホップでのNワードの使用の意味は、このように日本には黒人差別を象徴する言葉がないという認識の上で考えるべきだと思います。そして、そもそも日本での黒人差別とNワードの関連性は、アメリカでの黒人差別とNワードの関係とは違うことも常に意識すべきだと思います。

日本のヒップホップでのNワード

まずは日本の黒人アーティスト自らによる使用の例を見てみましょう。横浜出身で黒人の父と日本人の母を持つDyyPRIDEは、二〇一一年の作品「Street Ni**a」で「I'm just a Ni**a 肌は黒いが」とNワードを使っています。しかし、アブストラクトで実験的な歌詞の内容の文脈上、この時のNワードが彼自身とどのような関係を持つかは、私には把握できませんでした。

アメリカ、ジョージア州出身で、日本でアーティスト活動をしているDuke of Harajukuの二〇二〇年の作品「GO!」では「Cut all these lame ni**as off(ダサいやつらは全員切る)」と、否定的な文脈で他人を指す時にNワードを使っています。アメリカ黒人の父と日本人の母を両親に持つBFN TOKYOTRILLは客演で参加した曲で「Real Ni**a I'm in my zone(自分のゾーンに入ってる本物のNワード)」(TYOSiN「MyZone」二〇一八)と、肯定的な意味で自分を描写する時にNワードを使っています。これらの使い方はアメリカのヒップホップでも確認できる新肯定型や、不特定多数に対するIO新否定型の使用に似ていると言えるでしょう(七九頁の表参照)。しかし、ここで使われるNワードからは、日本という社会空間でその言葉が持つ社会的スティグマの特徴が把握できません。

　非黒人アーティストによるNワードの使用もあります。大阪のアーティスト、ウィリーウォンカは、客演した曲の中でパーティーの景色を描写しながら「Ni**a はノリノリ」という歌詞を使っています（Cz TIGER「RIDE WITH ME」二〇一七）。しかし、このNワードが示すのが黒人の個人なのか、複数の黒人なのか、黒人ではない個人または集団なのか、彼自身なのか、与えられたテキストだけでは判断が難しいです。

　大阪出身の在日韓国人アーティストである Jin Dogg は、二〇一九年の作品「糞（FUCK YOU）」で「意味分からない Bitch ni**a Fuck you」とNワードを使っていますが、この場合は否定的な意味で使われていることは把握できるものの、その対象の範囲はまた不明確です。

　ポーランド人の母と日本人の父を両親に持つ MARIA は、彼女が所属しているグループ SIMI LAB 名義の二〇一四年作「Street」の歌詞で、「4 ni**a 2 Jap 1 white trash」と、グループの黒人メンバーはNワードと、日本人メンバーは「ジャップ」と、そして彼女自身は「ホワイト・トラッシュ」と呼んでいます。この場合のNワードは親近感や仲間意識の表明として使われたことが把握できます。

近年で最も話題になったNワードの使用例は沖縄出身のアーティスト、Awichの事例だと思います。客演で参加した曲で「Boss ni**as wouldn't get a job among babylon（ボスなNワードたちなら不条理なシステムの中で仕事はしないはず）」（KOJOE「BoSS RuN DeM」feat. AKANE & Awich, 二〇一七）と歌い、「Boss」という肯定的な意味と並んでNワードを使っています。

このような日本での非黒人アーティストによるNワードの使用は、アメリカで非黒人アーティストがNワードを使うことと共通しています。「不特定多数の嫌な奴ら」を描写する時にNワードを使ったJin Doggの例も、親近感を表したり肯定的な属性を描写するためにNワードを使ったMARIAとAwichの例も、例えば前回紹介した$tupid YoungのNワードの使用との類似性が見出せます。

しかし、アメリカの非黒人アーティストがNワードを使う時と同様に、日本の非黒人アーティストの場合も「この言葉使っていいの?」という疑問を呼び起こします。$tupid Youngは、彼の育ちや環境からNワードを自然に身に着けたことや、黒人の仲間たちとの関係を証明することなどによって、自分のNワードの使用について説明していますが、有名なヒップホップDJのEbroを含めて、彼のNワードの使用に不快感を表している声も少なくありません。

日本のヒップホップの場合、非黒人アーティストのＮワードの使用が大きな議論になることはあまり確認されませんが、本当に珍しく、Awichが自分のＮワードの使用について述べています。河出書房新社の『ケンドリック・ラマー　世界が熱狂する、ヒップホップの到達点（文藝別冊）』（二〇二〇）内のインタビューで、Awich はＮワードが持つ歴史や意味の取り戻しの概念まで、Ｎワードに関する詳しい理解を見せています。そして亡くなった黒人の夫と、黒人とのハーフである娘の存在から、彼女自身が黒人たちの苦難から「他人ではない」ことを示しています。Ｎワードの意味の取り戻しの文脈を理解し、また黒人たちの苦難と自分を一体化する彼女の立場から彼女のＮワードの使用の意味を考えると、肯定的な属性を描写するためにＮワードを使った「BoSS RuN DeM」の例はＩ－Ｉ裏返し型と見なすことができるかもしれません。

YouTube チャンネル「Japan 4 Black Lives」の議論において、Awich の背景や立場はより詳しく現れています。(1) 彼女は前述のＮワードについての詳しい理解や家族の話はもちろん、日本の中の沖縄という更なる差別の構造を理解している黒人たちとの間で、お互いをＮワードで呼び合う環境で育ったことを説明しています。この動画の最初から最後まで、

Awichからは黒人文化とヒップホップ音楽への愛情と敬意が感じられるのですが、それにもかかわらず他の黒人のパネリストたちは彼女のNワードの使用に否定的な意見を述べています。あるパネリストが、非黒人によるNワードの使用を、次のことにたとえて説明したのがとても印象深かったです。

「片腕を怪我して違う腕でその腕を押さえているとしましょう。それを見た友達が「大丈夫？　見せてみて」と言って触ろうとします。それは痛いから止めてと私は答えます。それでもその友達は「いや、心配だからちょっと見せてみて。だってお前、そこ自分の手で触ってるでしょ？　なんで俺が触っちゃだめなの？」と言いながら触ろうとします。でも私からすると、自分の手は自分の一部で、だから触っても痛くないけど、君が触ると確実に痛いから。君が触ると「痛い」と言っていることを、そのまま素直に受け入れて止めてほしい」

いくら黒人の痛みを理解して、黒人文化への愛情と敬意に溢れていても、非黒人の人は「黒人内集団」ではなく、したがって非黒人によるNワードの使用は「傷つく」ことであると述べています。

Awichを除く他の日本の非黒人アーティストたちからは、Nワードを使う意図や、その言葉とアーティスト本人がどんな関係を持っているか、確認できる資料はなかなか見つかりません。単純に私の調査不足かもしれませんが、日本の黒人アーティストが自らNワードを使う事例に関しても、その使用から「日本」という社会での黒人差別の現状が見えてくるとは、正直言いにくいと思います。

その中で、なみちえの「おまえをにがす」(二〇一九)は、とても特殊な事例です。ガーナ人の父と日本人の母を両親に持って、日本で生まれ育った日本語話者のなみちえは、日本語の「逃がす」を使って、Nワードを直接使用せずにその言葉の存在感を意識させます。高次元過ぎる曲なので私の解釈は間違っているかもしれませんが、YouTubeチャンネル「ニートtokyo」のインタビューで彼女が「言葉の二面性」を強調していることから、差別それ自体を聴き手に意識させるよりも、社会的スティグマとそれを表す「言葉」自体の関係について考えさせる意図でこの曲を作ったのではないかなと思っています。

日本のヒップホップでの「ジャップ(Jap)」

英語圏、特に第二次世界大戦の時に日系アメリカ人を強制収容した歴史のあるアメリカで、「Jap」は明らかに日本人・日系人に対する差別用語です。そんな「ジャップ」を、現代の日本に住んでいるアーティストが使うことは、とても興味深い現象だと思います。

「ジャップ」に近い形の用語の使用は、日本のヒップホップの黎明期から確認されます。いとうせいこう&タイニー・パンクスの「東京ブロンクス」(一九八六)は「俺はラッパーJAPPA RAPPA MOUSE」という歌詞で始まります。「JAPPA」が日本人もしくは日本との関係性がある言葉であることは把握できますが、英語圏の差別用語としての「ジャップ」との関係性はここでは明らかではありません。

日本のヒップホップで最も有名な「ジャップ」の使用はジブラの「Neva Enuff」(二〇〇二)でしょう。ジブラはこの曲で直接「ジャップ」を使用してはいませんが、曲の冒頭に北野武の映画『BROTHER』のセリフの「ファッキンジャップぐらい分かるよ、バカヤロー」をサンプリングしています。ジブラの「日本人ナメたのが間違い」「確かに負けたぜ戦争じゃや」、客演アーティストのAKTIONによる「人種差別にカンカンだ」「俺らお前の英語解んだぜ」など、「ジャップ」という言葉が表す社会的スティグマを連想させる内容や、それに対抗して「日本人男性としての男性性」を確認させるような歌詞が含まれています。しかし、ジブラもAKTIONも、日本に居住していて日本で活動しているため、「ジャップ」が意味する社会的スティグマが機能する社会の文脈で使用されているとは思いにくいです。「北野武の映画の世界観を表している」と言えば終わりかもしれませんが、それでも「仮想の抑圧者」としてアメリカ社会を設定して「それと闘う日本人」が歌詞から連想されるのは、どうしても否定できません。

より直接的に自らを「ジャップ」と呼ぶケースもあります。LIL JAP、怨念JAP、SIMON JAPなどのアーティストは「JAP」が含まれた名前で活動しています。TAKABOの「SUIYORU」(二〇一九)には「ジャップ」が数回使用されていて、「アメ公もジャップも変わらん」「レップファッキンジャップ」「ジャップのツレ達はわかっとる」など、アメリカの黒人アーティストによるII新肯定型と似た用法で「ジャップ」が使われています。Raq、押韻おじさん、ハシシ、ちのりによる「automation(迫真)」(二〇一二)の「こんなにクールにラップするジャップは俺が初めて」の「ジャップ」の使用も、アメリカのヒップホップにおけるII新肯定型のNワードの使用に似ています。

BAD HOPの「Chain Gang」(二〇一五)には「鎖国的なAsian Jap/Korean Chinese南米/繋がれてる川崎のWe Are Chain Gang」という歌詞で「Jap」が使われていますが、この場合の「ジャップ」は閉鎖的な他の日本人を日本のアーティストから批判するために使われたことから、NワードのII否定型、またはII新否定型の使用に似ていると思われます。

日本のヒップホップにおける「外人」の使用

『広辞苑』によると「外人」とは「①仲間以外の人。疎遠な人。②敵視すべき人。③外国人。異人」だそうです。しかし辞書的な意味とは別に、外国人や外国出身の個人に対する差別用語、または見た目によって個人を差別する用語として「外人」を認識する見解もあり、岡本佐智子は「「不適切な」日本語表現考」(二〇〇九)で「外人」を「差別か区別か、判断が難しい」ものであると論じています。

しかしいくら「差別じゃなく区別だ」と言われても、日本のヒップホップには「外人」という言葉が日本での差別と社会的スティグマを描写する用法で使われる事例があります。ブラジルで生まれ日本に移民として来た愛知県のアーティストPlayssonの「Gaijin」(二〇二〇)は「真っ金金の外人／あの坊ちゃんには理解できん／意味分からないなんでこの外人／付けてるものが全部真っ金」と歌い、「外人」の社会的スティグマを見せると同時に、金銭的成功を「外人」に結びつけて肯定的な意味に裏返しています。彼のもう一つの曲「Real Trap」(二〇二〇)では、犯罪や暴力を描写しながら自分の男らしさを自慢する歌詞の流れで、「隣にコカインの売人／そうだ俺らはクソ外人」と歌い、「外人」が示す否定的なイメージを自ら宣言することで意味の裏返しを見せています。

なみちえの「Y◯Uは何しに日本へ?」（二〇二〇）でも、「外人」が示す日本での社会的スティグマをより直接的に確認できます。日本を訪問した外国人を素材とする同名のテレビ番組をタイトルで思い起こさせるこの曲で、なみちえは「見た目ガイジンの物語」と自分を指して、日本の「単一性」に直接言及し、意図的に英語の歌詞を配置して「外人」を大げさに演じる表現を入れるなど、「外人」に押しつけられている日本の社会的スティグマを強く意識させています。

長崎出身のPower DNAの「外人」（二〇二〇）は、「外人」に対する社会的スティグマをより露骨に表現しています。イギリス人の母と日本人の父を持つ彼は、「ガイジン／ママ泣きながら歌う／ガイジン／三〇年住み税払っても／ガイジン」と歌っています。また見た目がいわゆる日本人ではない彼自身のことも「ガイジン」と呼び、「戦争なったらきっと殺される／（じゃあ帰れば?）／帰るもクソもねえ、ここが家」と述べています。これらの使用はⅠⅠ否定型と分類できるでしょう。

Moment Joon の「チョン」

『差別用語の基礎知識'99』は「チョン」の起源を「バカチョン」であるとして、それ自体には朝鮮人と関係する意味はなかったが、朝鮮人に向けた否定的な文脈での使用を通して差別的な意味合いが与えられたと推理しています。

朴君愛の論文「在日コリアン女性への差別とエンパワメント——ミドル・エイジの当事者の語りを通して見えたもの」(『女性学研究』二一巻、二〇一四)では、破損のあるカバンを「チョンカバン」と呼ぶ使い方が数十年前に存在したことや、またその呼び方が、朝鮮・韓国系の人と結びつけて否定的に使用するものだと理解している、ある在日朝鮮人の証言を匿名で紹介しています。

また『差別用語の基礎知識'99』は一九九一年に信州大学経済学部の客員教授が女性のパートタイム労働を「バカチョン」と呼んだ事例を紹介しています。この事例や先ほど挙げた証言、「バカチョンカメラ」という俗称などを総合して考えると、「チョン」には朝鮮・韓国系の人に対する差別的な意味と、対象を朝鮮・韓国系の人に限らない否定的な意味が混在していたことが類推できます。

しかし、少なくとも二〇一〇年代以降の日本で「チョン」が朝鮮・韓国系に対する差別用語として機能しているのは確かな事実です。高史明は「日本語 Twitter ユーザーのコリアンについての言説の計量的分析」(『人文研究』一八三号、二〇一四)という研究で、二〇一二年一一月五日から二〇一三年二月一六日の間で、日本語のツイッター使用者による朝鮮・韓国に関する一一万三一八九件のツイートの中から、「在日」「韓国人」「朝鮮人」「チョン」のいずれかを含むものを収集して分析しています。集められたツイートの頻出語を検討した結果、「韓国人」「在日」「朝鮮人」「日本」「韓国」「日本人」の次に頻度の高い単語は「チョン」でした。このような資料は、朝鮮・韓国や朝鮮人・韓国人を否定的に描写する時に「チョン」が頻繁に使われているという認識を裏付けています。

その起源に関しては様々な説があるにもかかわらず、インターネット時代に再び差別用語としての力と地位を得ている「チョン」。このような状況を背景に、私の「チョン」の使用について考えていきたいです。私が「チョン」を使ったのは全部で一一曲ですが(未発表曲まで数えると二三曲)、その中から以下にいくつかを紹介します。

〇−否定型の使用

・「KIX/Limo」(二〇二〇)の場合、「「あのクソチョン」と言われちゃった前の Fucking バイト」と、他人の使用した「チョン」を「引用」することで、他人(外集団)によって「チョン」と呼ばれる場面を描写しています。

・「IGUCHIDOU」(二〇二〇)の場合、曲の終盤に客演アーティストを登場させて、「チョン公が日本のことについて何をごちゃごちゃ言うとんねん」というセリフを、他人の声で挿入しています。ラッパーのウシ君の名演技でできたこのスキット(寸劇)は、より明確なO−I否定型の用法として分類することができるでしょう。

I−I否定型の使用

・「KIMUCHI DE BINTA」(二〇二〇)は、タイトルでも分かるように日本社会の朝鮮・韓国系に対する偏見が前面に現れている曲です。曲の前半、私は作り上げた低い声で韓国人に向けられた悪いステレオタイプを演じて(「部屋には食用の犬」「部屋の匂いはにんにく」)、また在日朝鮮人・韓国人に関する陰謀論の内容もそのまま事実であるように歌っています(「俺の社長は在日/パチンコで儲けて日本を滅ぼすため頑張ってる金持ち」「土曜日みんな梅田で会って日本を滅ぼす陰謀を立てた後はパーティー」)。

後半は曲調をメロウなものに変えて、悲しげな声で「説明しても無理/チョンである罪/違うと言っても俺のことは見えないふり」と歌っています。ここで私は「チョン」のステレオタイプが事実ではないことを説明していますが、それでも自らを「チョン」と呼ぶのは、少数者の声は無視され否定されるという社会的スティグマを見せるためであります。

これは、前に紹介したPower DNAの「外人」の使用や、NワードのII否定型とも共通する用法で、該当用語が意味する否定的なイメージをその個人に投影せずとも、彼らが社会的に置かれている状況を見せることで、社会的スティグマを見せています。つまり、「チョン」ではないにもかかわらず自らを「チョン」と自嘲的に呼ぶことで、私が置かれた状況を見せたかったのです。したがってこの場合の「チョン」の使用はII否定型と分類できるでしょう。

・「Home/CHON」(二〇二〇)のサビの歌詞は「My Home 仕事終わったあと帰る唯一のHome/俺はチョン　家に帰った後も「帰れ」と言われるチョン」です。この場合の「チョン」を使った自己定義も、「チョン」の否定的なイメージが自分に当てはまることを認めるのではなく、むしろその言葉が表す社会的スティグマを描く自嘲的な使い方で、II

否定型と分類できるでしょう。

II裏返し型の使用

・KEN THE 390「Nobody Else」(二〇一九)に客演で参加した際の歌詞では、「海を渡ってきたチョンの麒麟児」という表現を使っています。韓国・朝鮮系に対する蔑視的な意味以外にも、本来「愚かな」という意味を持つ「チョン」に、「天才」を意味する言葉を結びつけることで、既存の否定的な意味を裏返すことを意図していて、これはII裏返し型と分類できるでしょう。

・「#AOTY2020 Freestyle」には「日本語ラップのベストアルバムを作ったのはチョン」という歌詞があって、これは私自身を指しています。「チョン」である自分が注目すべき成果を手に入れたと自慢する内容であって、これもII裏返し型と分類できるでしょう。

・「TENO HIRA」(二〇二〇)には、「感じてる　俺の中の彼のルーツを／だからこのクソチョンこそ日本のヒップホップの息子」という歌詞があります。「彼」とは二〇一八年に亡くなったECDさんで、私は彼とのつながりを根拠に自分が日本のヒップホップの継承者であると主張しています。「クソチョン」という表現で「チョン」の否定的意味を強調しながらも、自分は部外者ではなく当事者であると宣言することは、私が思う日本のヒップホップの閉鎖性を逆転させることであって、ＩＩ裏返し型と分類できるでしょう。

ＩＯ否定型・ＩＯ裏返し型の使用

・「Home/CHON」には「今日は俺、昨日は彼女、明日は君がチョン／今日は俺、昨日は彼女、君も明日はチョン」というブリッジ（つなぎ）があり、曲の最後には「ただ考えがちゃう（違う）と「洗脳されたチョン」？／じゃそのロジックならばお前さんの親、社長、首相、いや、〇〇さえも」という歌詞があります。これは私自身に向けられる否定的な意味の「チョン」をその使用者たちにも使うことであって、ＩＯ否定型と分類できるでしょう。

　しかし、「チョン」と呼ばれる誰かではなく、誰がチョンと呼ぶのかという「主体」に焦点を当てると違う分類ができます。私はここで「考えが違う人なら誰でもチョンと呼ぶ人々」について歌っています。これは言い換えると、ある特定の人々（もちろん韓国・朝鮮系はその構成員になれない）が、「誰がチョンなのか」を決める力を持っているということです。私がその「特定の人々」の母や社長、首相、そして〇〇さえも「チョン」だと宣言するのは、「誰がチョンなのか」決める権利を彼らから奪いたかったのです。このような立場の逆転は、自分と意見が違う人を攻撃するための「チョン」を武器として使う人々を批判するためであって、これはIO裏返し型と分類することもできるのではないかと思っています。

結論、そして「在日」

以上の日本のヒップホップにおける差別用語の使用事例の分析を基に、最初の二つの問い「大衆音楽での差別用語の使用は、聴き手の「社会的スティグマ」の認識に、どのような影響を与えるのか」と、「大衆音楽での差別用語の使用は、言葉の「意味の取り戻し」の側面を持つのか」に答えてみましょう。

「大衆音楽での差別用語の使用は、聴き手の「社会的スティグマ」の認識に、どのような影響を与えるのか」

「外人」また「チョン」に関しては、その言葉を使って日本での差別の経験を聴き手に伝える試みが日本でも(数は少ないですが)確認できます。また、なみちえの「おまえをにがす」や私の「Home/CHON」のように、差別用語が示す社会的スティグマ自体に対する批判だけではなく、そのスティグマと「言葉」の関係自体を問う事例も確認されました。しかし、日本でのNワードや「ジャップ」の使用は、「外人」「チョン」の使用とはまた違う用法を見せています。例えばPower DNAが使う「外人」からは、彼と彼の母が「外人」と呼ばれながら経験してきたことが伝わりますが、ウィリーウォンカのNワードの使用やTAKABOの「ジャップ」の使用からは、その言葉によってアーティスト本人がどんな経験をしてきたか見えづらいです。歌詞の中の文脈の提示が不十分であるだけではなく、またAwichのように曲以外で自分の立場や背景を述べる場合も極めて少ないです。

アーティスト本人と社会的スティグマとの関係性がよく見えないにもかかわらず、Nワードと「ジャップ」が使われるこれらの事例は、日本のヒップホップで差別用語を使うこと自体が「社会的文脈」よりも「ヒップホップの文脈」で行われている可能性を示しているのではないでしょうか。アーティスト本人たちから反発されるかもしれませんが、できればその反発からもう一歩踏み出してもらって、その差別用語と社会的スティグマと彼ら自身の関係を、より詳しく聞きたいのです。単純に「それがヒップホップだから」使ったのでなければ、その言葉とどのような関係を結んでいるかを述べてほしいです。聴き手はそこから日本での差別について考えることになるでしょう。

「大衆音楽での差別用語の使用は、言葉の「意味の取り戻し」の側面を持つのか」

残念ながら日本のヒップホップの場合、答えは否です。「外人」も「チョン」も、ある特定のアーティストによる使用はたしかに確認されますが、ガリンスキーらが提示した意味の取り戻しの第二段階である「集団的使用」は、確認されていません。今回の議論では扱えなかった「Bitch／ビッチ」まで範囲を広げると有意義な規模の集団的使用が見えてくるかもしれませんが、内集団の構成員同士で「外人」「チョン」「ビッチ」とお互いを呼ぶようなことは、今回の研究では見つかりませんでした。

音楽以前に、そもそも日本で「言葉の意味の取り戻し」の事例がないのは、なぜでしょうか。怖いから、かもしれません。差別を受ける人が堂々と自分のアイデンティティを誇ることすら難しい中で、自分を苦しめる言葉を人前で自ら使うということは、もしかしたら今の日本の環境の中では不可能に近いのかもしれません。ガリンスキーらも指摘したように、意味の取り戻しには「堂々たる態度での自らの使用」が必要ですが、その結果笑われたり、もっといじめられるかもしれないのに「勇気を出せ」と言うのは、無責任かもしれません。

「ならMomentがやればいいやん」と言われるかもしれません。まあ、ここまで「チョン」を歌詞に使っていますしね。たしかに、私は人前で「チョン」を使うことは怖くありません。むしろその言葉を発することによる「力の逆転」を意図することで、また議論が始まることを愛しているのです。しかし、「「チョン」って、いわばNワードみたいなもんなんですよね」などと聞かれた時は、私は決して他の韓国・朝鮮系の人を「チョン」とは呼ばないと答えて線を引いてきました。

なぜ私は他人にはその言葉を使わないのか。集団的使用、つまり内集団の構成員同士の使用が成立するためには、私がその内集団の一部であることから始めなければなりません。ここで、私の日本での一一年間、ずっと答えられなかった質問が浮かび上がってきます。同じように「チョン」という言葉が向けられる、「在日」と私の間の距離感・罪悪感・優越感・劣等感……私は、「在日」なんでしょうか。

二〇二一年三月

（1）「第2回パネルディスカッション〝Break the Silence, Break the Violence〟」(https://youtu.be/bino3fCpLuI)

7 僕が在日になる日

他の回と違って今日の話は、自分の中で正直はっきりとした答えが見えないことについて書こうとしています。ものすごく難しいトピックなので、書き始める前に一つだけ確認しとかなきゃいけないです。「冷蔵庫にキムチがあるかないか」です。私に頼まれて、冷蔵庫の中を眺める彼女。彼女からどんな答えが聞きたかったのか、正直分かりません。「いっぱい残ってるよ、これでプデチゲ四回は作れそう」と答えてほしかったのか、それとも「ないよ、最近全然食べてないよね」が聞きたかったのか……。

「韓国領事館です」

今年の一月、「駐大阪韓国領事館です」というタイトルの一通のメールが届きました。

「領事館」という文字を読むだけで緊張してしまって「本国送還？　韓国政府からの警告？」と勝手に想像してしまったのですが……実際は、一月に朝日新聞に掲載された私のインタビューを領事館の人々が興味深く読んだらしく、総領事と軽くお茶でもしませんか、という内容でした。正直、総領事とか偉い人に会うのが怖くて最初は断ろうと思ったのですが、メールにあった「そしてご歓談の後に、もし宜しければ領事館の近くでお食事でも」という部分で心が動いてしまい……。

少し緊張しましたが、総領事とのお話は本当に「お茶だけ」で終わりました。会議室で形式的な挨拶の言葉を交わして、その後は実務担当の方々と別のところで長く会話を続けました。どうしても少し警戒する態度が表に出ていたらしく、「いやいや、もう官が自由な個人の足を引っ張るという時代ではありませんから」と担当者の方が笑顔で言ってくれました。軍隊などで経験した「権威的な韓国の大人たち」を予想していた自分の先入観にやっと気づいて、少し恥ずかしくなりました。

領事館の文化・教育業務を担当する人々の目線から見た私の活動について聞くことは、とても新鮮な経験でした。特に、彼らから今の韓国が重視している「ある価値」の存在が強く伝わってくるのが、本当に印象的でした。Kポップに象徴される自由奔放さとクリエーティビティ、グローバルな視点と感覚、民主主義的な価値観との連帯など……まあ、ある程度「理想的な韓国」を代表せざるを得ない「領事館」という立場もあるかもしれませんが、それでも今の韓国社会が重視している価値観とは何か、ただ話し合うだけでそれがひしひしと伝わってきました。

ただ、これらの「今の韓国的な価値」と結びつけられて私の活動が褒められた場面では、やはり少し違和感を覚えてしまいました。職業病なのです。褒めるにしても批判するにしても、私の作品や活動を「韓国」と結びつける人が今でも多すぎるのですが、その度に私は強く反論してきました。私の曲の中の物語や喜怒哀楽が「韓国人だから」出てくるものに見られ、日本の現状とは「関係ない」ものと理解されて無視されるのが嫌だからです。だから私は「韓国」ではなく、「人間キム・ボムジュン」とか「日本の移民」というキーワードで自分を見てほしいと言ってきています(韓国でライブしたことも、曲を発表したこともないのに「モーメント・ジューンは韓国のラッパー」とか言う人にも、マジで大っ嫌いですけど一応笑顔で同じこと言います)。

もちろん、領事館の人々が私の中に「韓国」を見出すことは、それとは文脈が違います。日本人のリスナーや音楽業界が私に「韓国」というタグをつけるのが、「異質なもの」「日本とは関係ない」と線を引くためだとしたら、韓国・朝鮮の人々が私の中に「韓国」を見ることは、私と彼らの共通点から誇り・勇気・希望を感じるからでしょう。そんな人にまで「いや、全て私個人の能力・努力の結果なので韓国とか持ち出さないでください」とは、さすがに言えません。本町駅近くの高級牛肉弁当が美味しすぎて、というのもあったかもしれませんが……。

「へ？　冷蔵庫にキムチがないなんて答えを聞きたいの？　何で？　持ってたら何が悪いの？」と思うでしょ。まあ、もちろん持っていて悪いことはありませんが、問題はこれです。

私があなたに「私、昨日もキムチ食べましたよ」と言ったとしたら、そこであなたの考えは単純に「あ、モーメントは昨日キムチを食べたんだ」だけで終わるでしょうか。「韓国人はキムチが大好き」というステレオタイプを思い出して「やっぱり韓国人だよね」とは思わないと、あなたは言えますか。そうやってあなたが知っている「韓国人」のカテゴリーに私が入る瞬間、あなたの目に映る、私の人間としての複雑さや多面性は薄くなるというのが、今までの日本での私の経験でした。

「ニューカマー」と「昔に渡ってきた人々」

領事館の人々のお話でもう一つ印象的だったのは、「ニューカマー」という言葉でした。「そう、モーメントさんみたいな「ニューカマー」の人々は、やっぱり堂々としていて、自由で、言うことはっきり言いますしー」みたいに、先に紹介した「今の韓国っぽいポジティブな価値観」の文脈で私は「ニューカマー」と呼ばれました。しばしば「留学生」「外人」「韓国人」「チョン」などと呼ばれたり、自らを「移民」と呼ぶことはありましたが、「ニューカマー」と呼ばれたのは初めてでした。「一九八〇年代以降、日本に移住してきた外国出身の労働者」のことを「ニューカマー」と呼ぶことがありますが、もちろんここでの「ニューカマー」は、その意味ではなく、「韓国・朝鮮から日本に渡ってきた人々」の文脈の中で使われる言葉です。

帰り道、自分はどこまで「ニュー」なんだろうか、という疑問が湧きました。日本に住み始めたのは一九歳だった一一年前。途中で徴兵のために韓国にはいましたが、社会人として韓国に住んだことはなし。韓国の家族との連絡は月に一、二回ぐらい、他に連絡をとっている韓国の友達は一人だけ。韓国のドラマや映画も観ない、韓国のウェブコミックも読まない、Kポップも聴かない(ラップは聴く)、韓国の芸能人やユーチューバーもフォローしていない、最近の韓国の流行りの食べ物も知らない。どう考えても私から「ニュー」の匂いはもうしないのでは……。

もちろん、この「ニュー」という言葉は相対的なもので、私の「ニュー」の反対側には、普段日本社会で在日韓国人・朝鮮人と呼ばれる人々がいます。韓国語の会話だと在日朝鮮人・韓国人の人々のことを普通「在日僑胞《チェイルキョポ》」と呼ぶのですが、領事館での会話では「在日僑胞」だけではなく「昔に渡ってきた方々」という言葉も一緒に使われるのが、とても印象的でした。「韓国人」と「在日」という言葉の間には「民族」という共通点しか見えませんが、「ニューカマー」と「昔に渡ってきた方々」という言葉を使うと、もう一つの共通点が見えてくるのです。「渡ってきた記憶」です。

よく考えてみれば当たり前のことですが、今まであまり気づいていなかったこと。そうです。「昔に渡ってきた方々」も、日本に来たばっかりの時は「ニューカマー」であったはずなのです。初めて日本に来て感じる様々なこと、つまり言葉・文化・風習の違いによる苦しみ、社会・経済的に弱い立場、日本社会からの偏見と差別、同じ背景を持つ人々と一緒にコミュニティを作る経験、日本での孤独感と離れてきた故郷へのノスタルジア、日本社会で生き残るための努力と執着、そしてそこから生まれる数えきれないほどのドラマと涙、成功と失敗……日本に来た時代や背景、日本での生活は大きく違っても、「昔に渡ってきた方々」と「ニューカマー」である私は、その「渡ってきた経験」でつながっています。

そこで、日本に住んできた一一年間で、未だにちゃんと答えられていない質問が、もう一度浮かんできました。ある時「ニューカマー」だった彼らが今や「在日」と呼ばれるようになっているなら、「ニューカマー」の私も、時間が経てばいつか「在日」になるのでしょうか。

で、冷蔵庫にキムチは、あるのないの？　答えは……ちょっと後で言います。信じてください。絶対にパンチのある答えですから。

冷蔵庫の中を覗いてきた彼女に私は聞きます。「俺って、キムチ結構食べる方だと思う？」彼女の答えが、鋭すぎる。「You think you don't, but I think your taste IS Korean（多分ジュン自身はあんま食べないと思ってると思うけど、でもジュンの味の好みは韓国だと思う）」

「在日」の基準1　国籍・血統・文化

いや、私は一生「在日」にはなれないかもしれません。まず朝鮮半島から日本に「渡ってきた記憶」を持っているだけで「在日」になれるのか、ちゃんと答えるべきです。三世、四世、五世まで世代を重ねてきた在日同胞たちの中には、「渡ってきた記憶」とそんなに深い関係を持っていない人も多いでしょう。二〇二〇年代の日本では、自身が朝鮮半島から渡ってきた人々より、その子孫たちの数のほうが、在日朝鮮人・韓国人の中で圧倒的に多いはずなのです。

「渡ってきた記憶」が「在日朝鮮人・韓国人」になるための必須条件ではなければ、「在日の基準」とは何でしょう。まずは「国籍」があるかもしれません。日本語版ウィキペディアは（その定義の難しさに触れた上で）「本項目では日本国政府公式の統計情報として記録されている日本に在留する韓国・朝鮮籍の者と定義して記述する」と書いています。しかし、「国籍」で在日を定義することには盲点が多すぎるのです。「韓国・朝鮮籍を持って」「日本に在留する」の分類だと、自分も親も祖父母もずっと日本で生まれ育った人でも、ワーキングホリデーでたった一年だけ日本に住んで韓国に帰る予定の人でも、みんな「在日」なのです。んー、他の人にはできるかもしれませんが、私にはワーキングホリデーで来てる人を「在日」と呼ぶのはやっぱ無理ですね……。

帰化して日本国籍を取った場合は、またどうなるのでしょう。孫正義のように帰化した人を日本語版ウィキペディアは「韓国・朝鮮系日本人」と記述しているのですが、日本国籍を取ったからといって、彼らを否定的な文脈で「在日」と呼ぶ人がいなくなるわけではないですよね。日本社会が帰化した人をどう見るかだけではなく、在日社会、また帰化した本人が自分をどう見るのかも、複雑で立体的な問題です。あるトークイベントで共演したことのあるライターの金村詩恩さんのように、日本国籍を取った後も自分を在日コリアンであると呼ぶ人も多くいます。このように「日本国籍」と「在日」のアイデンティティが両立できるものだと認識する人もいれば、日本国籍を取ることは在日であることを「諦める」ことだと認識する人も少なくありません。例えば「おばあさんを悲しませたくなくて、亡くなるまでは日本国籍は取らなかった」という話を聞かせてくれた知人がいますが、彼は今も自分自身を「在日」と呼んでいて、そこからも「在日」というアイデンティティと「国籍」の間には、決して簡単には言い切れない複雑な関係があることが見えてきます。

国籍、または特別永住権の有無に基づいた「在日」の定義は、このように壁にぶつかります(日本国籍ではなく他国籍を取った場合は? 育った環境はいわゆる「在日」だけど特別永住権がない場合は?)。もっと繊細な基準を持ち出すと、「血統」で在日を定義することもできるでしょうが、これも問題だらけなのは同じです。親や祖父母の誰かが日本人なら「在日」である資格はなくなるのでしょうか。逆に、祖父母や親が韓国・朝鮮民族なら、日本に帰化して「日本人」としてのアイデンティティを持つ人でも「在日」と呼ぶべきでしょうか？　日本社会の差別主義者たちが「日本人の血統主義」に基づいて、帰化した人をいつまでも「在日」「外国人」と呼ぶように？　朝鮮・韓国系でも、日本人ではなく他の民族の血が入っている場合は？　今まで自分の血統を知らなかった人が、ある日自分の韓国・朝鮮のルーツを見つけることで「在日」になるのでしょうか。逆に、自分は「一〇〇パーセント朝鮮人」だと思っていた在日の人が、先祖に日本人がいたことを知ったら、その人の「在日らしさ」は薄くなるのですか。日本社会が「純粋な日本人らしさ」を規定するために毎日のように使っている「ハーフ」や「クォーター」などの言葉を用いて、ある人がどこまで「真なる朝鮮民族」なのかを測るべきでしょうか？

「文化」なら、「在日」を定義できるかもしれません。たしかに「在日文化」は実際に存在するもので、日本のマイノリティ文化の中で、ある意味最も可視的で力のある文化の一つだとも言えるでしょう。ホルモンや鶴橋キムチなどの食文化、チマチョゴリなどの衣服、韓国語・朝鮮語の単語や表現を日本語の中で使う独特な言語文化、詩・小説・絵画・音楽・映画などの芸術文化、現代の韓国・朝鮮ともまた異なる冠婚葬祭……日本という環境で生まれたその特有の文化は、在日だけではなく日本人を含めた様々な人々にも愛されています。

しかし、この「文化」を基準にしてある人の「在日らしさ」を考えようとすると、これもまた難儀なのです。この文化の中のどの要素が「在日らしさ」のコアに近いか、あなたは分かりますか？　「日常生活で韓国語・朝鮮語を使うこと」ですか？　「キムチを食べること」ですか？　今は亡くなった私の知り合いは奥さんが在日韓国人でしたが、人生で一度だけの結婚式はどうしても韓国式にしたくて、頑張って手配したチマチョゴリを着て式を挙げたらしいです。もし日常的に在日文化に触れていなくても、人生で最も重要な結婚式だけは必ず朝鮮式でやりたいという人がどこまで「在日」なのか、私にはその判断を下す資格がありません。

いやいや、私が普段キムチを食べるか食べないかはそんなに重要じゃないと、あなたは抗弁するかもしれません。なら、これはどうでしょう。「私、キムチとか普段食べなくて、自分で買うことも全然ないですよね」と、私が言ったとしたら、またあなたの考えは「あ、モーメントはキムチをあんま食べないんだ」で終わるでしょうか。彼女の答えを引用する時にわざと英語を入れた私の文章を読んで、あなたがどんな目線で私を見るのか、長年の経験で、私には何となく予測がつくのです。

あなたの前で「あなたが思う普通の韓国人じゃない韓国人」を演じる私。そして時には「モロ韓国人」になる私。在日同胞の前でも私の顔は、常に変わりまくります。たまには「韓国現地から来た一〇〇パーセント韓国人」に近くて、たまには「普段韓国語も使わないし主言語は英語であるコスモポリタン」にもなる私。矛盾しているこれらの全ての姿が、本当の私なんでしょうか。それとも私は、単に嘘つきなんでしょうか。こういうのって、私だけですか？

「在日」の基準2　民族意識・傷と絶望

どうですか？　話せば話すほど分からなくなってきませんか？　私もそうです。でも終わりではありません。「文化」では足りないと、「民族意識」で「在日」を定義する考えもあります。単純に韓国・朝鮮の文化の中で生きているだけではなく、自分の韓国人らしさ・朝鮮人らしさをどれほど肯定して愛しているかを「民族意識」は聞いてくるのです。本韓国語・朝鮮語教育を受けていますか？　本名を隠して通称を使ってはいませんか？　本国・祖国を訪問したことはありますか？　ちょっと待って、本国とは韓国ですか、朝鮮ですか？　韓国のこと、あるいは朝鮮のことを、どこまで愛していますか？「民族意識」を確認するために聞かれる質問に、気が重くなる同胞の人は少なくないでしょう。

「渡ってきた記憶」「法的身分」「血統」「文化」「民族意識」……どれも基準としては不完全ならば、胸のもっと深いところにある何かから「在日」を考えてみるのもありかもしれません。バンドbonobosのヴォーカル、蔡忠浩さんから聞いた言葉を思い出します。

「在日」という概念を前にした自分の悩みについて話した後に、蔡さんに「在日になるために必要なものとは何でしょうか」と聞いたことがあります。愚かすぎるかもしれない私の質問に、蔡さんは、それはもしかしたら「絶望」かも、と答えました。

「例えばモーメント君は英語ができるでしょ？　それだけでモーメント君に嫉妬する在日の人も結構いるはずですよ。多くの人々は、好きでも嫌いでもずっと日本で生きるしかないですから……」

生まれ育った国と社会で異邦人扱いされ、日本社会の絶対多数には分かってもらえないその絶望。そして、ここじゃないどこにも行けないという絶望。たしかに私は「日本以外には住めないし住みたくもない」と宣言して、自分を「移民」と呼んできましたが、蔡さんの言うように「日本以外のどこにも行けない人」と比べれば、まだ違う場所に移れる可能性が少しでも残っていますよね。

そんな私に、彼らの絶望が分かるはずがありません。「帰れ」と言われた時のつらさをラップにもしている私ですが、日本で生まれ育って日本語しか話せない人が「帰れ」と言われる時に感じる絶望、自分の家族も同じ経験をして長い歳月に刻まれてきた絶望を、私は一度も味わったことがありません。在日であることが知られて仲がよかった友達から突然「お母さんが君と遊ぶなって」と言われる時の絶望。自分の本当の名前を使うことがつらくて、通称を使いながらもまた苦しむ時の絶望。関東大震災の記憶から、いざ何かあった時に自分は隣人たちから危害を加えられるかも、という絶望。「北」と「南」、「日本」と「在日」、「社会」と「自分」の狭間で苦しんで生まれる絶望。誰かから聞いたり、どこかで読んだりして知っているふりはできますが、この絶望は自分のものではないことを、私の心は知っています。古くて重い、その「絶望」が在日の基準なら、私は決して在日にはなれません。

もちろん、この「絶望」という基準にもいくらでも反論できます。まず「在日」だからと言って皆が同じ環境で同じように苦しむのではないことを指摘されるでしょう。生活環境が、経済状況が、そして英語能力などを含めた個人の能力が皆バラバラなので、「在日」

だから絶望を感じるとしても、その程度は人それぞれだと言えるでしょう。

それとも単に「絶望」するだけではなく、絶望と闘って「抵抗」することがもっと重要な基準かもしれません。それとも、日本社会に「在日」と見られて不当な扱いをされることが「在日」の基準でしょうか。「チョン」と呼ばれた私は、「在日」ですか。「国籍」「苦しみ」「文化」「家族歴」「名前」など、無数にある「在日」の基準。では、これら全ての概念を適用すれば「在日」の範囲が決まるのでしょうか。全部の基準の積集合だけが「在日」ですか？ その中のいくつかに当てはまれば「在日」ですか？ ある人がどれほどオーセンティックな在日か、パーセンテージで表せますか？ そもそも、人を「在日」だと決められる資格と権威は、誰にありますか？「日本」ですか？ それとも他の「在日」？

考え始めると結局最終的には分からなくなって、「とりあえず俺は在日ではないかもな」と結論づけてきた質問。誇り高くて、美しくて、温かくて、強くて広い言葉でもあれば、古くて、厳しくて、悲しくて、弱くて狭い言葉でもある「在日」。意見を聞かせてくれた蔡さんの最後の言葉が、ずっと頭に残っています。

「まあ、でも正直よく分かんないですけどね。みんな「同胞」でいいんじゃないですか？」

どうですか？　ここまで読んでイラっとしている人がいるかもしれません。なんでここまで複雑にするのよ、と。日本での「日本人」、または「スタンダードな人間」だと思われがちな欧米の出身者のことは「複雑・多様・立体的な人間」と見なしても、「在日」にはそれを許さず、一握りにして「全部同じもの」と理解したい気持ちがあるのではないですか？　すみません。あなたが「何となく分かっている」と思っているものを「それって実はこうなんですよ」とさらに明快に答えるのは、政治家、またはプロパガンダの仕事です。あなたが「何となく分かっている」ものは、実はあなたが想像するよりもっと複雑で敏感です、と理解させるのが芸術家の仕事です。

ここまで書いても、そんな微妙な違いとかニュアンスとか面倒くさくてどうでもいいと思っているなら……そんなあなたに私の冷蔵庫の中にキムチが入っているかどうかは、残念ながら教えられません。複雑な「一人の人間」ではなく、タグを付けて私を理解したがるあなたのために私から用意した、「シュレーディンガーのキムチ」です。

私は、あなたに「借り」があります

これまであげた全ての基準は「在日」とは何かを理解するために極めて重要なコンテクストですが、その中のどれか一つだけで「在日」を定義することは難しいです。われわれが「何となく知っている」と思っている「在日」は、実は一つには絶対にまとまらない多様な人々の集まりなのです。人によって、場合によって変わる「在日」の範囲に、私は、時には含まれたり、時には外されたりしてきました。日本に住み始めて二年目の時点ですでに私を「在日」と呼んでくれた日本人や在日韓国人もいれば、今まで一〇年、いやこれから死ぬまで日本に住んでも、私を「在日」ではなく「ニューカマーの韓国人」だと呼ぶ人もいるでしょう。

このように、近くて遠い「在日」という言葉は、いつも私の心を揺さぶってしまいます。矛盾するいろんな気持ちを同時に呼び起こす言葉なのです。日本人や他の国籍の人によって私が「在日」と呼ばれる時、私は「あなたたちにそれを決める権利あるの」と正直思ってしまいます。一〇〇年以上に及ぶ在日韓国人・朝鮮人たちの歴史の中の苦しみ・喜び・闘い・レガシーを少しでも分かった上で、そんなふうに簡単にジャッジするのか、聞きたくなります。しかし、在日の同胞たちに「在日」と呼ばれると、胸の奥で真っ黒な罪悪感が動き始めるのです。「在日」の苦しみ・喜び・闘い・レガシーは、私の家族が直接経験したものでもないですし、日本に住んでいる私だって、そのほんの一部しか経験していないのに……温かい応援の言葉と共に手を伸ばしてくれる在日の同胞たちの前で、どうしても「申し訳なさ」がなくならない私は、彼らとつい距離を置いてしまうのです。

じゃ「在日」ではないですよね、と言われる時の感情もやや複雑です。前に触れた様々な基準のどれかに引っかかって「在日ではない」と宣言される時、その判断を下す人の「資格」や「権威」を疑ってしまう私。そして「誰がもっと在日か」「誰がもっとオーセンティックか」というのがいったい誰のためになるのか、いちいち反論したくなります。「誰の傷がもっと大きくて深いか」を比較して人を排除することで、「在日」としての声はむしろ弱くなるのではないですか、と。もちろん、そのような判断を下す人々からすれば、「われわれみたいに苦しんだこともないくせに、勝手に乗っかろうとする」人に対する、正当な排除なのかもしれませんが……。

一緒にされる時の罪悪感と申し訳なさ、そして含まれない時の寂しさと反発心……この矛盾する気持ちの根っこまでたどっていくと、もっと深くに根差す気持ちにたどり着きます。私は、在日の同胞たちに「借り」がある、という気持ちです。

「在日」にここまで心が揺さぶられる理由を、「結局同じ民族だからじゃない」の一言で理解したい人もいるでしょう。「やっぱ味の好みは韓国」と彼女に言われたように、です。「何でここまで複雑にするのよ、別に韓国人だからキムチが好きということでよくない？　同じ韓国人だから在日が好き、でいいんじゃないの？」と。

私にとってキムチは「毎日の食事の基本中の基本」ではなく、何かの料理を作る時にしか使わないものです。キムチを使った一番自信のある料理は、プデチゲ。韓国で、米軍基地からの食材を使って生まれたプデチゲは、沖縄料理でスパムがよく使われることとも似ていますが、「駐韓米軍」というコンテクストを持たない在日同胞たちとは本来縁のない料理なのです。逆に「ホルモン焼き」は、「日本」というコンテクストを持たない韓国や朝鮮の人々にとっては、自分たちの料理ではないのです。私が個人的にホルモンが苦手であるように、プデチゲが口に合わない在日の同胞もいるはずです。「共通点」が必ず「好き」につながるのではないことが、分かるでしょうか。そして「共通点」が、必ず「同じ」を意味するのではないことも。それとも「なに？　日本人なのに寿司好きじゃないの？」みたいな考え方で、私を見続けますか。へっ？　冷蔵庫にキムチがあるかどうか、まだ知りたいんですか？

あなたからもらったものを、また次の人へ

本当に実現できるとは、正直思っていませんでした。自分の曲「TENO HIRA」に、在日の詩人の金時鐘《キムシジョン》さんの作品「夢みたいなこと」を入れたくて許可をお願いしたいと言った時、プロデューサーが「なら本人に朗読してもらえば」とアイディアを出したのが始まりでした。お世話になっている『文藝』の編集長から金さんの連絡先を教えてもらって、久しぶりに韓国語で手紙を書きました。下手すぎる自分の韓国語の文章に満足できないまま手紙を郵便ポストに入れたのですが、二日後に知らない番号からの電話に出ると、電話の向こうは何と金さんでした。

奈良のご自宅のリビングに座って金さんのお話を聞くと、私も一緒に一九五〇年の大阪に戻ったような感覚になりました。済州島《チェジュド》の四・三事件の悲劇から逃げて日本に渡ってきた直後の苦難、一人で生き残ったという罪悪感、同胞たち同士のドラマ、日本社会の差別に対する怒り、不安と孤独、それでも消えずに燃え続く詩に対する情熱……一時間ぐらいの話ではとうてい言い切れない長い歳月の物語。私より何十倍も鮮明な「渡ってきた記憶」を生きてきた金さんに、私が強く共感したのは当たり前です。

私は金さんの作品を読んだり金さんの人生についてもいろいろ学んだりして、その中にどうしても「今の自分」を見つけるのですが、金さんにとって私は、どんな人に見えたでしょうか。韓国の中流階級の家庭で生まれ育って、英語や日本語も（植民地支配ではなく）自分の意志で勉強できた私。親からの支援で、一応学部四年までは日本でも比較的落ち着いた生活をしてきた、阪大生の私……左右の対立によって祖国が目の前で分断される絶望も、一九五〇年代から「在日」として日本を生きてきてできた傷もない私に、それでも金さんは「金君のような若い在日同胞に自分の作品が読まれているのが嬉しい」と仰いました。

お声を録音する前に、先に曲を聴いてみましょうということになって、ご自宅の古いCDプレイヤーで「TENO HIRA」を流しました。「速すぎて聞き取りにくい」が最初の反応でしたが、曲の最後の「スカイツリーじゃなくて君が居るから日本は美しい」という歌詞には、金さんもうなずきました。マックブックを使って一瞬で終わった録音の後に、持病のためにお疲れになった先生は「申し訳ないですけど休みます」と仰いました。お礼を言って家を出る時、玄関まで送ってくださった金さんからの最後の一言が忘れられません。

「誰か、本当に切実に望むものがあれば、それは必ず叶えてあげるべきだよ。金君も、誰かにまたそうしてあげてね」

その言葉を思いながら帰り道で金さんの朗読を聞くと、他の人もいるのに電車の中でつい声を出して泣いてしまいました。

金さんのお話の中で、「結局何も変わってないですよ」という言葉が何度も出てきました。一九五〇年代、いや、戦前から今に至るまで続いている日本の根強い差別と偏見。しかし、帰り道でもう一度考えてみると「それは違うだろう」と気づいたのです。植民地支配下で「日本人」だった人々が、戦後いきなり法的身分を奪われて「外国人」にされたことと比べれば、長い闘争の結果としてできた「特別永住権」は、誰が何と言っても「変化」なのです。朝鮮半島でさえ朝鮮語の授業が教科からなくなった太平洋戦争期と比べれば、多くの人々が闘って守ってきた民族学校・朝鮮学校・民族学級は、誰が何と言っても「変化」です。VERBALやテイ・トウワなどが「在日」であることで消費されるのではなくその作品で愛され、一方「在日」であることを語る芸術家も声を出し続けている今の日本は、作家活動や芸能活動をするためには在日であることを隠すという選択肢しかなかった一九五〇年代の日本とは、絶対に違います。もちろん当事者たちからすると、これは不完全な変化で物足りないはずです。しかし不完全でありながらも、彼らは変化を起こしてきました。

私は、彼らによって変わってきた日本を生きています。彼らのおかげで、いわゆる「普通の日本人」には含まれない人々の声が、それでも出しやすくなった日本。「在日」だけではありません。沖縄、被差別部落、華僑、性的少数者、アイヌ……苦しみの内容も、目指す変化の形も違って、たまにはお互いぶつかることもあるこれらのグループを「みんな日本で苦しんでて、まあ一緒じゃないの」と見なすのは危険です。しかし、彼らが自分の存在と権利を日本で訴えてきて、悩んで葛藤しながら歩んできた末にできたのが、私が住んでいる今の日本なのです。彼らが勇気を出さなかったなら、頑張って闘って、日本社会の絶対多数に自分らのメッセージを伝える方法を模索してこなかったなら、私の居場所なんか、今よりももっと狭かったに違いありません。そんな人々への感謝の気持ちと同時に抱く、彼らの苦しみは共有していないという罪悪感。それが、私が感じる「借り」です。

自分の苦しみをまるで鎧のように着て、他人を突き放す人もいるでしょう。他人と傷の大きさを比べて、自分の価値をもっと認めてもらいたい人も。苦しむ「内」と苦しませる「外」との間に明確な線を引いて、「内」の中では違う声を出さずに一つであることを強要する人も。それが行き過ぎて排他的・独善的になる人も、たしかにいます。しかし、苦しみと傷を持った人が他人に手を伸ばしてくれる時に、私は希望を感じます。金時鐘さんが被差別部落の人々の人権運動に応援のメッセージを発信しつづけてきたのも、正にそうです。教会を通して南米や他のアジア出身の移民者たちを手伝う在日のクリスチャンや、NGOで人権運動に参加したり、難民に対する非人道的な扱いと入管法改正に反対する声を出したりする在日の若者たちもいます。

私が「在日」になる日、本当に「在日」とは何なのかが私に分かる日は、永遠に来ないかもしれません。私が使う「移民」という言葉が、日本社会に根を下ろす日はいつ来るのか、どうしても分からないのと一緒です。しかし、フィリピン出身の若い友達や、ビザがもらえずお父さんは日本から出るしかなかったというファンの人が「モーメントの音楽から希望をもらった」と言ってくれるだけで、私が日本で歌い続ける理由は十分です。これが、私の中の「借り」を返す方法なのです。私自身は一生「結局日本は変わらない」から自由になれないかもしれません。しかし、私には見えない未来の変化を、次の世代が生きていくことだけは、信じています。同じことを仰った金時鐘さんのおかげで、二〇二一年の日本で私が歌うことができているように。あなたからもらったものを、また次の人へ。

二〇二一年五月

8　シリアス金髪

前回まではかなり「大きな」トピックについて話してきたと思います。「移民」とか、「日本語」とか、「家」とか、「ヒップホップ」とか、「在日」とか。その時の自分の心の中で最も大きなものについて書いてきたら、自然とそういうトピックになってきたのですが……同じ書き方で最近の私の心と頭を掴んでいるものについて書こうとすると、今回の話は正直ものすごくしょうもないものになるかもしれません。これまでと比べて今回のテーマは、本当に本当に小さすぎるので……どれほど小さいかと言うと、顕微鏡が必要かもしれないぐらいです。髪の毛一本の表面が見れるほどの距離からでないと、語れないというか……。

いや、それではちょっと近すぎるので、対象から少しだけ引きましょう。鏡の前の自分を見る距離、から始めましょうか。目の前の鏡に映っているのは（当たり前ですが）私です。三〇年も見てきた、馴染みのある顔。しかしここ最近、鏡を見るたびにはっと驚いてしまうことが多いのです。実はこの前、生まれて初めて髪を染めました。いや、厳密には染めたのではなくて脱色です。鏡の中の、シルバーに近い金髪をしている私。今回の話は、私の髪の毛から始めたいと思います。

金髪になってみて

思春期の時にも試さなかった金髪に三〇歳になってやっと挑戦したのには、実は特別な理由があります。この本をお読みの方の中にはご存じでない方もいらっしゃるかもしれませんが、一応私の本業はラッパーで、私が出したアルバムに『Passport & Garcon DX』というものがあります。それのカバーアートが、白髪になっている自分の絵なんですが、今回の脱色は実はその白髪を目指して挑んだのです。ついこの前、そのアルバムの発売を記念したワンマンライブを開いた時に、ファンの方々にアルバムの世界観をより深く伝えたくて、カバーアートの姿の自分になってみようとしたのですが……手伝ってくださったスタイリストによると、初めてのブリーチなのでやはり色が抜けにくく、どうしても「白」

『Passport & Garcon DX』

まで脱色するのは無理だそうで……そう、バリバリの金髪になっていますけど、もともとは白髪になりたかったのです。

「モーメントと言えば黒いツーブロックの髪型に黒いメガネ」で私を知っている人々からすると「こいつ誰だ！」と思われそうな、それほどショッキングな変化でしょう。いや、他の人はともかく、私自身がこの金髪にどうしても慣れません。五時間ほどかけて四回もブリーチをした後、渋谷のホテルに帰って鏡を見たら「お前誰だ！」と自分で驚きましたもん。その次の朝起きて鏡を見た時も、ライブの後に写真や映像などを確認した時も、大阪に帰って家の鏡を見た時も、金髪になって三週間ほど経った今朝も鏡の前で「お前誰だ！」となっています。これが、これが自分なのか。未だに実感できていません。

金髪になってから、周りから「どう？　気に入ってる？」という質問を一〇〇回ぐらいは受けていますが、正直どう答えればいいのか未だに分からないです。自分の意志で「染める」と決めたはずですが、そもそも「髪を染める」「白髪にする」というアイディアを出した時の自分が、この文章を書いている私とは違う人間であるような気がするのです。「カッコいいから」とか「やってみたい」「イメチェンしたい」とかではなく、「アルバムの世界観を観客やファンにもっと十全に伝える」ためにこのアイディアを出したその人は、私の体を何だと思っていたのでしょう。キャンバス？　広告用のビルボード？

アルバムのカバーアートで自分の髪を白にしたのは、いわば『あしたのジョー』的な表現方法でした。世の中に疲れ、それによって変わってしまった自分というものをビジュアルで見せたかったのですが、それを「絵」ではなく「自分の体」で見せていると思うと、今までとは違う重圧を感じます。まるで自分の体が、自分が作り出したアルバムや芸術に従属しているような、マネキンになったような感覚。おかしな話ですよね。私の人生の物語を音楽にしたのが始めだったのに、いつの間にか自分の体を含めた「私」が「その物語の世界観に沿わなきゃ」と、変わっているなんて。ただ物語として残したかったものを、あえて体の上に刻んでしまったような、そんな気持ちがどうしても消えないのです。

「二度と黒髪には戻るなよ」

好きか嫌いか、はっきりとした答えが出せない私の金髪ですが、一応周りからは好評です。「似合う」といったマイルドな褒め言葉から、「もう二度と黒髪に戻るな」という強い反応までありました。その中で最も印象に残った評価が「シリアスさがなくなった」という言葉でした。あいたっ……核心をつく言葉じゃないですか、これ。そう。ここ何年か、モーメント・ジューンが何かを作るたびに「シリアス」という言葉がついてまわります。何を歌詞にしても「コンシャスラッパー」と呼ばれたり、また「「三代」、読みましたよ」から会話を始めて私をまるで戦争被害者のように見なす人も少なくありません。

「シリアス」というタグがつけられる私の創作。二〇二一年のAPPLE VINEGAR Music Awardという音楽賞にノミネートされた時、後で審査員たちの選評を読んでみたら私の音楽の内容について触れるよりもとりあえず私の「シリアスさ」自体にフォーカスが当てられていることに溜息が出たことがあります。今までの「日本移民日記」を読んできたあなたの目にも、私は「何か分かんないけどシリアスなやつ」と映っているかもしれません。もちろんでしょう。冒頭でも書きましたが、だって書いてきたトピックがトピックですから……そしてこんな「シリアスな私」が作るものを消費しているあなたにも「シリアス」というタグがつけられているかもしれませんよね。

そしてこの「シリアス」は、「重い」にも簡単に変換されます。今の時代、ラッパーにとって「重い」とは死刑宣告みたいなものじゃないでしょうか。いっぱい作って、いっぱい回して数字を増やさなきゃいけないのに、「重すぎて」聞くだけでも時間と体力が必要で、それをプロモーションする側は普段とは違って何か追加の説明が必要となってくるし、作る本人も他のラッパーとは違って時間と労力が倍かかる。最悪なビジネスモデルなのです。

それを理解しているのに、なぜか私が作っているものは未だに全部「シリアス」で「重い」ものばっかりですよね。単純に私の能力不足です。「シリアス」の反対語は「軽い」であって「浅い」ではないと私は思っています。同じく「シリアス」の同義語も「重い」であって「深い」ではないと思います。私の手から生まれたものが「シリアス」と呼ばれるのは、必ずしもそれが「深い」「意味深い」からではなくて、それを重く思わせずに簡単明瞭に伝える能力が私にないからなんでしょう。この「日本移民日記」だってそうです。最初に編集者の方からは「毎回四千字から六千字ほどのもの」を頼まれたのですが、吐き出すように言葉をぱっと書いていくといつも長文になっていて、また「お、シリアスな話だよね」と思われるパターン……いや、文学は音楽とは違って、まだまだ「シリアス」の居場所は残っている方かもしれません。

リアルであるために混ぜる嘘

「金髪の方が絶対に似合う」とは、ライブの映像を見てくださった私のレーベルの社長の奥さんからいただいた言葉ですが、その続きがあります。「歌っている内容がシリアスだからこそ、見た目がシリアスじゃない方がもっと内容が聞こえてくる」。実は作品の内容をもっと濃く伝えたくて、いわば「もっとシリアスに」伝えたくて白髪にしたかったのに、それが失敗して金髪になったせいで「シリアスじゃなくなって」むしろそれが褒められる。笑うべきか、泣くべきか。

鏡の中の金髪の私は「この機会にもっと軽くなってみろ」と私を惑わしますが、「そんなの無理だよ」と答えるしかないですね。「シリアスな」もので飯を食っているんだもの。軽くなったって、それが売れる保証もありませんし、むしろ今まで作ってきたものにとってマイナスになる危険性もあります。飯を食わなきゃ。いや、少なくともシバさんに迷惑はかけないように働かなきゃ……。

　飯を食うために吐き出す相も変わらない「シリアスな」言葉と、それを中和して「消費しやすく」する私の金髪。今の格好を気に入ってくれる人々には「バランスが取れた」とも見えるでしょうが、私の目に今の自分は矛盾の塊そのものです。金髪の自分をどうしても「自分」とは見なせない私。「でもやっぱりこれからも金髪にすべきかもな。カメラの写りはこっちの方がいいから」と、社長の言葉をそのまま鏡の前で繰り返している私。そして「早く元に戻りたい。黒髪に戻れるまで、あとどれくらいだろう」と答える鏡の中の自分。街中の人々の目線を怖がる私と、それを楽しむ私。「あなたの目に私はこう見えてはいないでしょうか」「あなたに私はこう思われてはいないでしょうか」みたいな書き方を止められない私。周りの目線を気にせずに派手な格好、または奇異な格好を自由に着こなす人を嫉妬する私。同時に「そんな格好じゃあなたが言うこと誰も真剣に受け止めないでしょ」と軽蔑する私。自分の人生に基づいた作品を作ったくせに、いつの間にかその作品に自分の人生を合わせている私。誰よりもリアルだと胸を張って叫ぶ私。

　一回でもいいから、こんな自分から自由になりたいと思いました。「この複雑な姿の全てが私です」と言うのではなく、明快に「これが俺だ。どう？　買ってくれる？」と言ってみたい。黒髪に戻って、今まで通りに「シリアス」なものを世の中に供給するか。それとも髪にさらに色を入れて、耐えられないぐらい軽くなるか……その二つの選択肢の間のどこかに挟まれた私は、未だに鏡の中の金髪に慣れません。リアルであるために混ぜなければならない嘘、ということでしょうか。いつもの通り重くてシリアスすぎて、すみません。いや、もしくは今までと比べて十分に深くなくて、シリアスじゃなくて、すみません。

二〇二一年六月

9　バッド・エンドへようこそ

わざわざ書かなくてもいいことについて今回は書くつもりです。「書かなくてもいい」というのは、これは私の悲しみについて、しかもそもそも嘘かもしれないことを悲しんでる話だからです。それでも書くのは、「お前は間違っている」と、誰かから言われたいからです。誰か、私が間違っていると、それともこれは全部嘘だと、言ってくださいませんか。ialwayssad@gmail.com

地獄行きの満員電車、今がラッシュアワー

「暑すぎて、暑すぎて、大阪にはもう住めないかも。北海道や東北に引っ越したらどうかな」

毎年重みを増していくこの「暑すぎてどっか引っ越したいな」という言葉。今はまだ「できるといいな」ぐらいの感覚で彼女と話せるのですが、五年後も、一〇年後も、この軽さでこの言葉が言えるのでしょうか。前代未聞の暑さを記録したカナダでは、電線が溶けてしまって、市民の生活、いや、生存そのものを脅かす事態となりました。エアコンがもはや生存の必須条件になっていく今の時代。

「もう遅い」「もう手遅れ」「頑張ったって意味ない」……実際に口にすることはなかなかありませんが、朝起きてから夜眠るまで、この言葉が頭から消えません。夏だから、でしょう。暑すぎて暑すぎて……この暑さが、いつかはコントロールできないレベルまで至ったら……終わりが近づいてきていると、思ってしまいます。いや、実はもう終わっている、と言った方がもっと正しいでしょうか。

All the good girls go to hell
'Cause even God herself has enemies
And once the water starts to rise
And Heaven's out of sight

She'll want the Devil on her team
いい子たちはみんな地獄に行く
だって神様にだって敵がいるから
海面が上がりはじめて
天国が見えなくなったら
神様だって悪魔と手を組みたくなる
——ビリー・アイリッシュ「all the good girls go to hell」(二〇一九)

そう、今回は気候変動についての話です。ただ「みんな行動しましょう」といった話がしたいわけではありません。いえいえ、皆さんに伝えられる偉そうな「メッセージ」など、私にはありません。今までは、私から情報や経験などを提示して、それをもとに私なりのストーリーを構築して皆さんに伝える、ということをしてきましたよね。しかし今回は、それができません。なぜなら、気候変動の話はもはや事実関係の確認を超えて、「現実」そのものを根本から揺るがす話題になっているからです。

気候変動を否定している人々の言葉、ちゃんと聞いたことありますか？　「常識的に考えてみて。人間がやったことでこんなデカい地球が暑くなるとか、正直ありえなくない？」と、知識ではなく自分の直感を判断の基準にして気候変動を否定する人もいれば、「でも今年はちょっとマシだったでしょ？　温暖化なんか嘘じゃん」と、大きな流れの一部だけを切り取ってそれを根拠にしている人もいます。このように、情報を持っていない場合、あるいは情報の解釈が間違っている場合は、少なくとも事実関係をめぐっての議論や話ができるでしょう。

しかし「データの解釈が違う」「論理展開が間違っている」ではなく、「あなたと現実を共有していない」人とは、いったいどう話せばよいでしょうか。「明らかに目の前で起こっていることが気候変動の証拠じゃないの」といくら言っても、「それって人間がやったことと関係ある？」と疑われるよりはマシです（関係、あります[1]）。しかし、それに反論するための情報を挙げて「そもそも科学者とか政府が発表するデータって全て嘘に決まっている」と、情報源の信頼性自体を否定される時、私はどう答えればよいのでしょうか。「お前が実際実験して観察した？　お前も結局誰かが言うことをそのまま信じているだけじゃないの？」と言われ、「そいつら全員が嘘ついているのよ」と言われたら……「世界の大半の科学者が嘘ついているとか、常識的にありえない」と答えても、スノーデンとか、MKウルトラとか、彼らの疑いを燃やし続ける燃料はいくらでもあります。

「誰々が儲かる論」も、否定論者を動かす大きなロジックです。「誰が儲かるのか考えてみろ。そいつらがこの嘘を作ったのに決まってるやん」と。政府や秘密結社などの政治権力がよくメインの悪役となるアメリカの否定論とも少し違って、日本の否定論ではよく企業・資本が黒幕になるのは興味深いです。「誰かの利権」とか、「儲かるやつがいるから成り立つ話」とか、「エコというブランドで商売をするため」とか、「どこの国の産業を大きくするための作戦」とか……。

「自分は歴史の正しい側に立っている」と思っている人からすると、否定論者は「おかしい人」とすぐ笑われるかもしれませんが、私は逆にそんな否定論者たちの目に、こんな私はどう映っているか、常に想像しています。現実には起きてもいない嘘に騙されて絶望していて、バカバカしく見えてはいないでしょうか。そんな彼らの目を通してバカな私とバカな世の中の騒ぎを眺めると、少し心が落ち着いてくるのです。そう、心配する理由なんてない。全てが大げさな嘘だ。大した問題じゃない。温暖化が本当なら何だよ。じゃ経済を止めろってこと？　そんなわけないやん。気温ってもともと上がったり下がったりするもんや。大丈夫。まだ大丈夫……。

「地球のポリューションを止められる、唯一のソリューション」

気候変動について話してみましょうか？「そうね、たしかに毎年暑くなってるもんね。まあ、大変だよね……」といった、その危険性は知りながらより深くまでは立ち入らないような反応を、個人的には最も多く見てきました。だって、正直それ以上話したくないんじゃないですか。「大変ですよね……」の先には、（気候変動自体を否定しないという前提で）実際にわれわれがやらなきゃいけないこと、われわれにできること、そしてこの問題に関する責任がどれぐらいわれわれにあるかなど、本当に気まずい話が待っています。

「結局節電して、リサイクルして、自動車の代わりに電車やバスを使って、そういう話じゃないの？」と言われるでしょうか。しかし、二〇一七年のレポートによれば、全世界で排出された二酸化炭素の七一パーセントが、たった一〇〇社の企業によって排出されています。(2) この莫大な規模の産業を前にして、われわれ個人にできることはなんでしょう。環境に優しい「エコ」な商品やサービスを使う？　もう一歩踏み出して、「エコ」じゃないものの消費を止めて、企業側の変化を誘導する？

減らせるものは減らす。そして商品を買うことで環境に優しい企業をサポートし、気候変動に悪い影響を与える商品は買わないことで意思表示をする。消費者が自分の購買力で社会的な声をあげる、いわゆる「財布で投票する(vote with your wallet)」考え方ですが、気候変動に関して、この方法がどこまで有効なのか、疑問に思うことがあります。もちろん、われわれにできる全てのことをやるべきでしょう。しかし、前の段落で紹介した世界の二酸化炭素排出の七一パーセントを占めている一〇〇社の面々を見ると、石炭、石油、天然ガスなど、燃料や原材料を生産する会社がほとんどです。何度も加工されて何回も違う製造業者を通ってやっとわれわれの手に入るこれらの商品を買う／買わないことを、企業側の変化を求めるレバレッジにすることは、なかなか難しいでしょう。実際自分の手で操作できるものならまだマシですが、目に見えない製造過程で使われている小さな部品までさかのぼると、「購買力で声をあげる」ことはさらに難しくなります。不可能ではないかもしれません。原産地・材料・製造者の情報を全て確認して、気候変動を加速させない材料・工法で作られた商品なのか、確認すること。それでも情報が足りない場合は検索して調べて、製造業者に直接情報公開を求めること。環境に優しい素材を使った商品、または電気自動車のように新エネルギーを使うこともお忘れなく。これらのことを調べて、考慮して、比べて考えられる時間と余裕があなたにあれば、という話ですが。

そこで「購買力で声をあげる」ことの二つ目の難しさが現れます。現状、エコな消費を選ぶ、またはエコじゃない消費を避けることは、時間と余裕、そしてお金がないとなかなか難しいのが、本当に残念ながら事実ではないでしょうか。そのようなお金と時間を持たない人々に向かって、一方的に「あなたたちが地球を破壊していますよ」と言える権利が誰にあるのでしょう。ファストフードやジャンクフードと呼ばれるものを作るために、どれほど森林が伐採され環境が壊されようが、それを買って食べないと一日の仕事ができない人に「良心的な消費をしなさい」と、簡単に言えるものでしょうか。

そして「環境に優しくない」ものを消費せざるを得ない人々の多くは、また「環境に優しくない」産業で働いています。最大の利益を出すために水圧破砕法などで自然を搾取する企業は、そのためにまた人間の労働力をも搾取します。気候変動の否定論に「エコとか偉そうな話をするな」といったような、階級的な敵対心が混ざっているのは決して偶然ではありません。「エコフレンドリーじゃない企業は全部悪いって？　じゃ俺らの仕事は？働かずに死ねということ？」

利益のために自然や人間を搾取して、安い賃金で搾取された人間がまた搾取の結果生まれる安い品物やサービスに依存しなければならないこの悪循環を、本当に「一人ひとりが頑張って節約」とか「財布で投票」で止められると思いますか？　「経済が回らなくなっていいの？」が口癖である人々は、なぜ一度も「どうしてこの搾取のモデルじゃなきゃ経済が回らないの？」とは質問しないのですか？

アニメーション『リック・アンド・モーティ』のワンシーン。超能力者の「プラネティーナ」は、キャプテン・プラネットのように地球の環境を守る使命を持つスーパーヒーローです。そんな彼女が、鉱物を採掘する労働者たちを止めて叫びます。「大地を破壊して、あなたの子どもたちが吸う空気を汚して！　今自分たちが何をしているのか、本当に分かってないの？」労働者たちが言い返します。「お前は自分が望む通りに生きられる立場にいるから、そんなことが言えるだけだろう？　俺たちにはこの仕事が必要だ！」そして暴走してしまうプラネティーナ……。

スウェーデンの作家・生態学者であるアンドレアス・マルムは著書『パイプラインを爆発させる方法(How to Blow Up a Pipeline)』(二〇二一)で、一九世紀末から二〇世紀初頭にあったサフラジェットの運動家たちが、インフラや私有財産を破壊するといった暴力的な行動で女性参政権を獲得したように、環境を破壊する企業の施設を破壊して、企業側に変化を強制すべきであると主張しています。「利益」というものでしか動かないのが企業ならば、集団的な行動で水圧破砕法など環境を壊すビジネスモデルをサボタージュし、その企業側のリスクやコストを上げてやる、という考え方です。

「は？　本気で言ってるの？　それテロじゃないの？」と言われるでしょう。まあ、暴力を伴う「私有財産に対する攻撃」なので、テロリズムと呼ばれてもおかしくないでしょうね（ただし、マルムは暴力の対象を施設に限っていて、人間に対する暴力には強く反対しています）。しかし、一度でいいから、その「テロリズム」という魔法の言葉を脇に置いて、考えてみてください。皆が生きられる「唯一の選択肢」であるこの惑星を壊してまで、私有財産とその概念は、守られなければならないものですか？　皆の公共財である地球の存亡よりも、ビジネス・産業の私有財産は「神聖なる」ものですか？　ちょっと待って。そもそも最初に「この土地は私のものだ」と誰が宣言したのですか？　その土地で起こっていることが、決してその土地だけではなく、全地球に影響を与えていても、われわれは我慢すべきですか？

……はい。「暴力的」「共産主義者か」とか言われるでしょう。私も、このマルムの考え方には、やはり賛同できません。なぜなら、二酸化炭素を排出する施設の破壊で真っ先に苦しむのは、企業家ではなくそこで働く労働者であるからです。結局「生きなきゃ」「経済を回さなきゃ」の勝ちなのです。ではこのタイミングで、事前に用意しておいた模範解答を。「環境を守るために個々人にできる全てのことをやりつつ、様々な方法で気候変動に関する社会的意識を向上させて、民主的な方法で選出された政府が企業の二酸化炭素排出を規制すべき」。この病気の本当の原因である「搾取のシステム」自体については触れずに、「民主主義」といった言葉を使って皆を気持ちよくさせればよいのでしょう。模範解答に拍手。ありがとうございます。

入ってきて、水の中も悪くないよ

結局こんな話をしたところで、返ってくるのは「経済回さなきゃ論」とか「どの口が言う」などの皮肉です。「人間なら生まれてからずっとゴミを出しつづける。お前もその一人だから問題の一部じゃないか」「その考えだと最終的には人類そのものがいなくなればいいとか、自己否定になってしまうで」とか。運よく地球と他人の搾取に加担しない消費や選択ができる余裕がある人には、「そんなのは持っているやつにしかできない趣味だろう」という嘲笑が。

……今すぐにでも泣き始めたいですが、あえて最後まで話してみましょう。じゃ、前にあげたようなラディカルすぎない模範解答で、十分なんでしょうか。二酸化炭素排出抑制を目指して様々な国々が参加したパリ協定。どれほどうまく行ってるか。今世界各国が行っている取り組みの倍以上頑張らなきゃ、合意した目標値は達成できないそうです。(3)平和的な集会で「もっとやれ！　もっと頑張れ！　環境を守れ！」と声をあげ続ければいいでしょうか。あ、そもそも気候変動を認めない市民たちの存在もお忘れなく。そんな否定派の人々の声が多ければ、パリ協定もクソも無視するのが民主主義の正しい有様なんですよね。(4)一方で、市民たちが自らの声をあげにくい中国のような国は、今は二酸化炭素排出削減を誓っていますが、それをちゃんと遂行しているか、政府を監視できる力も、いざその方針を変えた時にそれを止められる力も、市民たちは持っていません。中国やアメリカなど二酸化炭素排出量の多くを占める国々の不十分な努力に対して、(5)その国の市民でもないわれわれにできることが多いとは思えません。まあ、自国の政治家に「もっと外交的圧力をかけろ」とか言えばいいですかね。しかし、内政干渉と言われないでしょうか。またそもそも発展途上国からすれば、排ガス規制など先進国の偽善、と言われないでしょうか。

「五年後、一〇年後の大阪は暑すぎて住めないかも」と、未来のこととして気候変動を心配できる時点で、私は恵まれているでしょう。エアコンのある安全な部屋に住んでいて、仕事があって、いつスーパーに行っても食べ物が安く買えて。恵まれているわれわれにとってはまだ気候変動は明日の悪夢ですが、恵まれていない誰かには、それは明日とかではなく今の悪夢です。気候変動がアフリカ諸国の貧困、農業と食料確保、居住の安全などに与える影響や、それによって加速する政治的な不安定(6)など……はい、もうあくびが出ますよね。そうです。いくら言ったって、意味ありません。今すぐ住める家がなくなって、食べ物が買えなくなって、仕事がなくならないかぎり、どうでもいい話でしょう。頑張って他人の痛みに共感してこの問題について考えたくても、ある時点からは、私の心のスイッチはオフになります。もうこれ以上これについて考えるのは無理。これ以上共感して、怒って悲しんでなんて無理。もうこれ以上は……。

You say the ocean's rising
like I give a shit
You say the whole world's ending,
honey, it already did

You're not gonna slow it,
Heaven knows you tried
Got it? Good, now get inside

「海水面が上がっている」と君は言う
そんなことなんかクソほども興味ないよ
「世界がほろんでいる」と君は言う
ハニー、「ほろんでる」じゃなくてもう「ほろんだ」のよ
君にそれを遅らせられるわけがない
頑張ったのはよく知っているよ
分かった？　よし。じゃ部屋の中に入れよ
——ボー・バーナム「All Eyes On Me」（二〇二一）

バッド・エンドへようこそ

「こんなの全部大げさだ」と言い続けるのが難しくなったら、「じゃもう終わりだから何

もかも忘れて楽しもうぜ」ともなります。しかし、頭からつま先まで一〇〇パーセントの臆病者である私は、全て忘れて楽しむことすらできません。とはいえ、自分の消費パターンやライフスタイルを徹底的に変えて、良心的に生きるために最善を尽くせるほどの度胸も誠実さも持っていません。何か「エコ運動」とかに人生をかけることができないのは言うまでもなく。「それでも諦めちゃダメでしょ」とは言いながらも、結局は「みんなが俺みたいに、知ってても行動しないだろうな」と思ったら、そもそもこんなことで悩む理由すら分からなくなってきます。

世の中の終わり？　いや、何とかなるでしょ。本当に状況が悪くなる前に政府や専門家が何かやるはずよ。何か「定期的に画期的な科学技術が生まれる」という説もあるんじゃない？　何か方法が見えてくるはずよ。イーロン・マスクとか、ジェフ・ベゾスとか、ビル・ゲイツが何かするでしょう。世界の救援すら私有化される世界。ディズニープラスを開いて、『アベンジャーズ』でアイアンマンがサノスと闘うシーンをもう一度観直します。このまま終わるはずがない。いや、そんな……。

Ignorance is not a motionless state. It is an active accomplishment requiring ever-vigilant understanding of what not to know.（無知は「不動の状態」を表すのではない。無知とは能動的に達成するものである。そしてその無知を達成するためには「何を知るべきでないか」を常に理解していなければならない）

——マティアス・グロス&リンゼー・マッゴイ編『Routledge International Handbook of Ignorance Studies』（未邦訳、二〇一五）

この前東京に行った時、私のアルバムのプロデューサーの生まれたばっかりの赤ちゃんを抱かせてもらったのですが、あの怖い顔をしたプロデューサーの赤ちゃんとは思えないほど、本当に本当に可愛くて可愛くて……自分の中の「子どもが欲しいな」という考えが久々に戻ってきたのですが、帰りに渋谷のスクランブル交差点に立ち止まって信号を待っていると、やはり子どもを持つことは、今の僕らにはできないと思いました。欲望を追っかけて、あるいは生きるために鉄の都市を作って「経済を回していく」人間たち。そこに彼らと一緒に立って、未来を担保に今を生きている私。批判の声をあげると「どの口が言う」と叱られるこの世の中は、たしかに誰かの搾取なしでは全く成り立たなくて、言い換えると、生きているだけでわれわれは非倫理的な活動に加担しているんじゃないかと思ってしまいます。こんな世の中に子どもを連れてきて、その子もこの非倫理的なゲームのリングの上に立たせなければならないのでしょうか。いつの間にかリング自体が燃え始めて「何で地球を守らなかったの！」と責められたら、私はどう答えればよいでしょうか。「俺がこの火をつけたんじゃないよ！　俺が生まれた時にはもうすでに燃えていたのよ！」と泣きながら抗弁すべきでしょうか。二〇五〇年になると、気候変動による難民が一二億人発生するという記事[7]もありましたよね。いやいや、そんなの、実際に起こるわけがない。一二億人？　実際起こったとしても、そんなの後進国の話じゃない？　日本は安全だろう？　スクランブル交差点の信号が青に変わって動き出す人々。経済を回すために、私も歩き出します。やはり子どもは産めません。反出生主義、と言われるものでしょうか。いくら欲しくて夢見ていても、私にはできません。

　壊れてしまった大地とそれによって壊れていく生活、そして未来に対する不安と絶望。これらのことを、最近は「気候悲嘆」と呼ぶらしいです。英語の「Climate grief」という言葉をそのまま日本語に訳したものですが、「気候悲嘆」よりも日本だと「エコ不安症」という言葉の方がより使われていますよね。「悲しむ・弔う(grieve)」という言葉より、「不安症」という言葉の方がより使われることが、ある意味すごく日本らしいとも思いました。気候変動についての私の話を聞いてくれた知り合いも、「モーメント、そんなことで病んでるとは知らなかった」と言ってくれたものです。愛しているものを亡くして「悲しむ」という人間の普遍的な感情・反応を、「病んでる」ことに置き換え、問題を個人の領域に孤立させて「異常状態」と見なす感覚。

そこで私は「病んでるのではなく悲しんでる」と言いたいのですが、どうでもいいでしょう。正義感に酔った自己満足だと言われたって、まあどうでもいいでしょう。時間がないのに、皆で動かなきゃいけないのに、われわれを待っているのはシニカルな声です。「ビリー・アイリッシュが温暖化だ何だ言うのも、全部ファッションじゃないの?」「カッコいいから鬱で商売しているんじゃない?」と言う人に、じゃ彼女のようにこんなトピックについて歌うアーティストが日本の大衆音楽にいないのは、日本の音楽業界は超オーセンティックでリアルだからですよね、と皮肉が言いたくなります。まあ、誰もやっていないなら、私がやればいいだけの話。未来について話をすると怖くて、無力すぎて、彼女と一緒に泣いてしまった私の悲嘆が本当だろうが嘘だろうが、気候変動が本当だろうが嘘だろうが、世界が臨界点に近づこうがどうだろうが、稼げば終わりです。超甘いメロディで、これは正直ヒット曲の匂いがします。次回作のタイトルです。「Welcome to Bad End」。

強くなれなくて
賢くなれなくて
また向かうマンデー
最悪なサンデー
「それでも明日は明日の日が昇る」とか
Shut the fuck up
もう間に合わない
Welcome to Bad End

二〇二一年八月

（1）「本当に二酸化炭素濃度の増加が地球温暖化の原因なのか」(https://www.cger.nies.go.jp/cgernews/201806/330006.html)、「The Causes of Climate Change（気候変動の原因）」(https://climate.nasa.gov/causes/)
（2）「Just 100 companies responsible for 71% of global emissions, study says（一〇〇社で世界の排出量の七一パーセントを占める）」(https://www.theguardian.com/sustainable-business/2017/jul/10/10

0-fossil-fuel-companies-investors-responsible-71-global-emissions-cdp-study-climate-change)

(3)「〝Climate Commitments Not On Track to Meet Paris Agreement Goals〟 as NDC Synthesis Report is Published(気候変動対策はパリ協定で定めた目標達成への軌道に乗っていない)」(https://unfccc.int/news/climate-commitments-not-on-track-to-meet-paris-agreement-goals-as-ndc-synthesis-report-is-published)

(4)「米政府、パリ協定離脱を正式通告　気候変動対策に暗雲」(https://www.bbc.com/japanese/50297884)

(5)「Report: China emissions exceed all developed nations combined(中国の排出量、全先進国の合計を上回る)」(https://www.bbc.com/news/world-asia-57018837)

(6)「Climate Change Is an Increasing Threat to Africa(アフリカで高まる気候変動の脅威)」(https://unfccc.int/news/climate-change-is-an-increasing-threat-to-africa)

(7)「More than 1 billion people face displacement by 2050 — report(二〇五〇年には一〇億人超が避難生活に)」(https://www.reuters.com/article/ecology-global-risks-idINKBN2600K4)

10　私の愛の住所は

あっという間に

「あっという間に」という表現を初めて学んだ時に感じた「あ、これだ」という感覚は、日本語を学び始めて一五年が経った今でも忘れられません。気づかないうちに過ぎてしまう時間の流れを「あっ」という声が出てくる刹那で測るその言語感覚が、なぜか自分にとても合うと、一五歳の私は思ったのです。日本語を学び始めてから一五年。本当に「あっという間に」時間が経ちましたね。「あっという間に」としか言えないことは、他にもいっぱいあります。ラップを始めてから一六年、日本に住み始めてから一一年、アルバムを出してから一年半、連載を始めてから一〇か月……今すぐにでもその時の自分が見えてきています。

そうなのに、いつの間にかそのスタートポイントからはすごく離れた今ここに、私は立っています。

日本に来たばっかりの一九歳、二〇歳の時は、自分が何をやっても、少し時間が経てばそれが「恥ずかしい記憶」になってしまうことに、モヤモヤしていました。初めて日本語だけで書いたラップを録音して、それを大学のサークルのYouTubeチャンネルにアップして、数か月経って聴いてみると「これは恥ずかしくて聴けません」と、先輩に動画を消してくださいと頼んだり……「なんでそんなことしちゃったんだろう」「なんでそれに気づかなかったんだろう」と、いくら頑張っても未熟なままだった自分にモヤモヤしていた日々。逆に言えば、自分の中の「よいもの」「カッコいいもの」の基準があまりに速く成長しすぎて、自分の能力がそれに付いて行けなかった、ということかもしれません。

近い未来に「ダサい過去」になってしまう自分の「今」。それがどうしても嫌いで、そもそも何かに挑むこと自体を止めていた時期もありました。幸い一〇年前と比べれば最近は、その不可逆的な「恥ずかしさ」に、ある程度は耐性がついてきたと思います（いや、それともこの文章自体を未来の私はまた「恥ずかしい」と思うでしょうか）。まあ、自分の中の「よいもの」「カッコいいもの」の基準が、若かった時と比べればもはやそこまで激しく変わらなくなったのもあるでしょうし、「こんな歳で何を今更……」と、不完全な自分をそのまま受け止めることに慣れてきたのもあると思います。

もしくは、もしくは……昔から夢見ていたものを、ある程度は手に入れたから「今の自分」をもっと肯定できるようになったのかもしれません。「時間が経って振り返ってみた時に、今の俺はどう映るんだろう」とか「人の目にこれはどう見えるんだろう」よりも、自分の中の夢にある程度は答えられた今の自分に「よく頑張った」と、やっと言えるようになったのかもしれません。たしかに「あっという間に」時間が経って今ここにたどり着きましたけど、自分を肯定できるようになるまでの旅は、決して「あっという間の」出来事とは感じられません。自分を「愛せる」ようになるまでの旅。

壊れた前歯

まずは見た目から変えなければなりませんでした。一六〇センチメートルの身長で六五キログラムの体重、ニキビだらけの顔とドデカい眼鏡。二〇一〇年の三月に関西空港に着いた一九歳の私にもし会えるなら、言ってあげたいのです。「あなたが綺麗かどうか、美しいかどうかは、あなた自身が決めるのよ」と。しかし、小学校を卒業してから身長が伸びなかった私のことを心配しすぎて「背が伸びるものなら何でも」飲ませて、食べさせて、やらせた親を持つ私に、そんな優しい言葉を言ってくれる人は、残念ながら一人もいませんでした。

日本に住み始めて三か月で一五キロも痩せて、いきなり細い体を手に入れて、高校の時は想像もできなかった格好に挑戦したりもしましたが、それでも自分の見た目に対する自己嫌悪は、なかなかなくなりませんでした。人から「カッコいい」と言われたり「可愛い」と言われたり……いわゆる「デブ」だった昔の自分には想像すらできなかった、きっと嬉しいはずのことなのに……筋トレをして筋肉をつけるべきなのか。眼鏡を外してコンタクトを使うべきなのか。もっとフェミニンなスタイルに挑戦してみようか？　それともやっぱもっとヒップホップ的なスタイルを勉強すべき？　銘柄が必要なの？　雑誌も、鏡も、他人の意見も、ブログやYouTubeも答えにならなかったその時の悩み。

私を愛してくれる人に出会ってから、やっと気づいたのです。私に必要だったのは「カッコいいかどうか」を判断されてもらえる「認定」ではなく、判断の以前に、私自体を肯定してくれる「愛」であったことを。自分の親、または自分の親の美意識を形成した韓国社会からはもらえなかった「愛」を私に注いでくれたありがたい人々のおかげで、空っぽだった自分の中にも、少しずつ「愛」が満ちてきたのです。

もちろん「見た目」に関する自分の悩みなどが全くなくなったわけではありません。第八章で、自分の金髪についてあんなに長い文章も書きましたしね。それでも、その悩みを一瞬だけポケットの中にしまってもう一度鏡を眺めてみると、鏡に映るその人が、私はそこまで嫌いじゃありません。美人である母に似ている顔の骨格、仏様のような大きな耳たぶ、一二歳に壊れてからずっと直していないままの前歯、何年も私の目になってくれた古い眼鏡。弱くて、頑固で、たまにはのんきで隙間だらけの自分が見えてくるこの顔と体を、私は愛しています。

足かせを外して

「見た目」に対する自己嫌悪よりも抜けにくかったのが、自分の日本語に対する嫌悪感でした。第二章の「日本語上手ですね」を読んだ方には分かると思いますが、非母語話者が使う日本語をめぐる日本社会の意識は、皆が思うよりも複雑でデリケートです。

どうしてもネイティブではないことに気づかれて、周りから「異質なもの」と見られる原因を提供する自分の日本語について、私は「舌に足かせがついている」と書きました。

自分の経験を描写するための的確な表現だとは思いますが、一〇〇パーセント正しい表現とも思いません。

私の平坦なイントネーション、たまに間違う漢字語の読み方、異色な言葉のチョイスから「足かせ」の音を聞く人も、少なくないでしょう。しかし、ぶっちゃけ言ってそれは彼らの問題なのです。私からすれば、日本語が理由で自分が思って、感じて、考えたことが伝えられなかったことは、今まで特になかったですもの。むしろラップや文章など、日本語でしかできないことがいっぱいで、他の言葉では無理なことが多いぐらいです。反射的に出てくる私の「痛っ」「熱い」「寒っ」を聞いて「イントネーションがおかしい」とか「発音がおかしい」とかいくら言われようが、私にとってはこれが私の「普通」なのです。

他の人の「普通」に自分の「普通」を合わせようとして焦らない余裕。その余裕を手に入れるのにも、本当に長い時間がかかりました。怖くて、緊張して、いつも「間違っているんじゃないか」と心配しながらも何とか勇気を出して世に出した私の歌詞と文章が、いつの間にか誰かに会話のきっかけを与えたり、誰かの感情を呼び起こして心を動かしたり、その結果ビジネスやお金が回ったり……不安を抱いて踏み出した一歩から長い時間が経った今、振り返ってみたら、第三言語の日本語を用いて私が成し遂げたことは、決して少なくありません。

そして、私が成し遂げた全てのことの裏には、いつも「あなた」がいました。皆と違うからと言って私を変わったもの扱いせず、一人の人間として見てくれて、私の音楽と文章を媒介に私と会話をしてくれるあなた。そんなあなたがいたから、私は「ネイティブみたいな日本語」や「普通」という足かせから少しでも自由になれたのです。日本語の話だけではありません。私の絶望の話、ヒップホップとラップの話、井口堂の話、この世の終わりの話、在日の話、移民の話。今まで一〇回にわたって書いてきた全ての話は、私の話であると同時に、あなたの話だったのです。

孤独の住所も、愛の住所も

この「日本移民日記」の構想自体は、岩波書店の『図書』という月刊誌に私が書いた一つのエッセイから始まりました。「僕らの孤独の住所は日本」というタイトルで書いたその文章で、私は日本に住むことでできた孤独を、日本に住む人々に分かってもらえないことの寂しさについて書きました。今もう一度読んでみると、たしかに恥ずかしくはありませんが、一つ付け加えたいことが見えてきます。孤独の住所が日本、であるだけではなく、

私の愛の住所も日本だと、書き加えたいのです。

この本で、私は何度も「あなた」について言及してきました。「あなた」はどんな人なんだろうか、常に想像しながら、声をかけて、質問をして、たまにはあなたから言われそうなことを先に予想して書いたりしました。私が日本で見てきた全ての人々の顔が、その「あなた」を作っています。優しい言葉をかけてくれた人、私を傷つけた人、一緒に苦しんで一緒に涙をこぼした人、激しくぶつかった人、愛している人、憎んでいる人……その全ての人々を「あなた」と称して、私は書いてきました。あなたがどんな人なのか、正しく把握することは私にはできません。前にも書きましたように、今まで私が会ってきた人々をベースに、何となく想像することしか。オンラインやオフラインで私に直接声をかけてくれたり、私が作ったものに反応している人でもなければ、あなたがどんな人なのか思い描くことは、さらに難しくなります。

それでも私は、あなたを愛しています。「愛？　そもそも私のことを知らないのにどうやって愛せるの？」と思うでしょう。あなたがどんな人であれ、あなたに会った瞬間、あなたから私自身の姿が見えてくることを、私は知っています。隙間だらけで、怖がっていて、感情に溢れて、未熟で、美しくて、冷たくて、不完全な姿をあなたの中に見つける瞬間、私はあなたを憎めなくなります。あなたと私の間の共通点、その一つだけで、私はあなたを愛せるのです。理由は、それだけです。その愛が浅いか深いか、熱いか冷たいか、小さいか大きいかも、関係ありません。「国籍、見た目、性別とか関係なく皆同じ」といったロマンチックな話がしたいわけではありません。私とあなたの考え方、話し方、政治的意見、性的指向、通帳の残高、音楽の好み……その全てにおける共通点と違いによって、あなたと私がどんな関係を作るのかは千差万別に変わるでしょう。

それでも、それでも、私は、あなたを愛しています。私と一緒にこの地で生きているあなた。私の声を聞いてくれるあなた。そんなあなたに出会えたここ、そしてこれからも出会っていくここ日本は、だから私の愛の住所でもあるのです。須藤さん、シバさん、マリア、ラウフ、ヒョリさん、ノアさん、斉田さん、斎藤君、ライさん、ゆうき、ナタシャ、白石さん、キングさん、上倉先生と輪島先生、Jinmen 君とACE COOL君、ＥＣＤさん、金時鐘さん、あっこゴリラさん、チビちゃん、テジュン、加藤さん、名前を思い出せない数百人の人々と、これを読んでいるあなた。移民として、ラッパーとして、韓国人として、留学生として、そしてキム・ボムジュンとして出会ってきたあなた。自分を愛せなくて、どこへ進めばいいか分からなくて、たまには邪悪で怖いほど冷たい私に、暖かい何かを与えてくれたあなた。私にとっての日本は、日の丸でも政府でも、富士山でも天皇制でもなく、あなたです。そんなあなたとこれからも一緒に生きていくことを、心から望んでいます。くれぐれも、お元気で。ありがとうございます。そして、愛しています。

二〇二一年九月

付録　僕らの孤独の住所は日本

日本で歌にできる孤独は「普通の日本人」の孤独だけ、と思ったことがあった。歌はできるだけ包括的な言葉を使って多くの人に共感してもらうために作られるはずなのに、「孤独」「寂しさ」なんちゃらといった言葉が出てくるJポップの歌を聴くたび、それは自分の孤独のことではないと思っていた。そういう歌が悪いと言いたいわけではない。僕の孤独が歌にされなかったのは、僕の孤独はいかにも具体的で「普通」とは違うから、それを歌にしたって多くの人に聴かれないしお金にもならないからだろう。それでも、僕はそういう歌が聴きたかった。いや、もっと正確には誰かに聴いてもらいたかった。

唯一僕の孤独を聞いてくれたのはマレーシアから来たラウフという友達だった。彼と僕は二〇一〇年に大阪大学の文学部に入学した唯二の留学生だった。比較的に日本語が喋れて見た目も日本人と変わらない僕は、見た目から外国人と分かるラウフとは違う日本を生きていた。彼には日本で言われる「普通」というものが最初から許されなかったが、僕の場合「普通」は、黙っているか韓国人っぽいことをやり出さないかぎり、手に入るかもしれないという幻に近いものだった。その「普通」に自分も入っていると油断すると「へえ、キムはお酒飲まないんだ。韓国人ってお酒強いんじゃなかったの？」といきなり言われて「お前は違う」と感じさせられるのがいつものパターンだったが、ラウフにとって「お前は違う」は油断もなにも、最初からそうなのだ。

ラウフはムスリムだった。ゆるく宗教を信じるタイプでも、神様の言葉なら無条件に信仰する血の熱いタイプでもなかった。哲学専攻らしく、彼は理性を用いて神と宗教の問題を常に問い続けていた。理性こそが神様から人間がもらった最大の恵み。だからそれを使って神の存在を疑い続けることこそが、彼が思う真なる信仰だった。カトリック信者として育てられたけど常に神の存在を疑っていた僕は、宗教と人生の意味に対するラウフの情熱に惚れていた。授業の後に彼の家に行って夜遅くまで宗教と歴史について議論していた日々。しかし、ラウフは苦しんでいた。彼の目から見た日本は宗教が風習化、迷信化して人々は魂のことを考えず、「霊的」なものは全部オカルトみたいな変なものと見なすぐらい物質的な社会になっていた。誰かとその問題について真剣に向き合おうとすると「皆違って皆いい」みたいな曖昧な言葉が返ってくる。人生の一番重要な部分から日本人は逃げているど、ラウフの胸は痛んでいた。

二人はお互いの悩みを、孤独を分かちあった。立場は同じではなかったけど、完全には理解できなかったけど、聞いてくれる人がいて嬉しかった。しかし、僕らはお互いだけではなく、日本にも僕らの孤独を聞いてもらいたかった。日本に住み始めて、日本を生きながら生まれた孤独だから。でも「これは差別じゃなくて、韓国人って傾向的にお酒強いのは事実でしょ」という答えや「でも難しい問題ですし皆それぞれ違って別にそれでいいと思いますけど……」という答えを何回も聞いている間に、僕らは日本に自分らの孤独を分かってもらうことを諦めた。ラウフの部屋のテレビで偶然「一人じゃない」「寂しさ」「僕らは」なんちゃらといった歌詞の典型的なチャラいJポップの曲を聴いてふっと思った。あ、ああいうことで孤独を感じている人々には、少なくともそれを歌にしてくれる誰かがいるんだ、と。僕やラウフの孤独は、お金にならないから歌にもならないだろう。日本は、僕らのこの孤独を、永遠に知らないだろう。

気づいたら、僕は歌を使って孤独と戦っていた。歌を使って、皆に愛される方向へ全力で走り出した。「I LOVE HANDAI」(二〇一一)という曲を作ったのがこの時期だった。大阪大学をテーマにした「阪大生あるある」のユーモアの集大成みたいなこの曲は、最初から「皆に共感していただく」ことだけを考えて作ったものだった。狙い通りに、阪大はもちろん全国の他の大学生からもそこそこの反応があった。同じ時期に、僕は「外人ラッパー」というタイトルでオンラインに曲を上げた。「外人」が日本語でラップをして、誰よりもイケてると自慢するラップ。すると、狙い通りに知名度が上がって翌年には小さいレーベルからお金をもらってEPを制作することまでできた。大学で、そしてヒップホップで、皆が聞きたいものや見たいものを演じてあげれば、愛される。ツイッターのフォロワーの数を見ると、少しは寂しくなくなった。

でもそこまでだった。二〇一二年から二年間、韓国の軍隊に行っている間に、全てが変わっていた。僕のことを面白がっていた人々は消えて、世の中は僕なしで先に前へ進んでいた。「大学生ラッパー」「外人ラッパー」のギミックを再び演じてもう一度愛されたいとも思ったが、軍隊で日本の生活やその感覚を忘れていた僕には難しすぎた。このまま再び孤独になるのはいやだ。愛されたい。次の何かが必要だった。

だから次に、僕は怒っている挑戦者を演じた。日本のヒップホップを挑発する「Fight Club(Control Remix)」(二〇一四)という曲を作って、多くのラッパーに挑戦した。熱い反応があった。入隊前には経験できなかった人気だった。日本のヒップホップを、日本そのものを手中におさめたかのような気分だった。

でもそれも、そこまでだった。ラッパー同士のいがみ合いで注目を浴びた「Fight Club」と一連の流れが終わった後、僕の手に残ったものは何もなかった。エンターテインメントとして愛された僕の曲は、次のおもちゃが出てくると同時に忘れられた。騒ぎが終わったら、僕は前と同じ力のない留学生・外人に過ぎなかった。誰も僕を見てくれない、前と同じところへ戻るしかなかった。

その時のことは、恥ずかしいとは思っても後悔はしていない。なぜなら、そういう歌を作って歌った若い僕が、何に飢えていたのか明らかすぎるからだ。寂しいのが嫌で、愛されたくて「I LOVE HANDAI」や「Fight Club」を作ったのと、今の一〇代がTikTokやインスタグラムに夢中になるのと、根本的にそんなに違うだろうか。多くの人に、早く愛されたい。皆が好きなものをあげるから、好きになってくれ。そして、その短い注目の後には苦い虚無と孤独が。

歌をやめたいと思っていた時、一緒に孤独と戦ってくれる人、今の恋人に出会った。それは、「Fight Club」の騒ぎが終わってまた世の中から忘れられたと自虐の世界に戻ろうとしていた時期だった。韓国人でも日本人でもなく、ロシアから来て同じ日本を生きている彼女。彼女が見たのは今のMoment Joonではなく、もっと若くて隙間だらけの寂しがり屋のキム・ボムジュンだった。彼女の前では、僕の歌が何万人に聴かれたとか、普段の日本語の発音が上手か下手かなど、今まで日本で孤独にならないために僕が気をつけていたものが全く意味を失った。ラップの活動がうまくいかなくても、日本語を間違えても、ありのままの僕を愛してくれた彼女のおかげで、日本に来てから初めて僕は一人じゃないと感じた。

しかし、孤独が終わったわけではなかった。それまで知らなかったロシア人・白人・女性として彼女が経験してきた日本を知ると、見覚えのある孤独がまた二人にやってきた。それは、いくら僕ら二人で話し合ったって、僕らの話は日本には届かないという孤独だった。そこから、僕の視野は急激に変わり始めた。それまでは自分の孤独で精一杯で見えなかった人々の孤独が見えてきた。彼女の孤独、ボランティアで会った外国ルーツの子どもの孤独、日本語ができない人の孤独、本当の名前を隠して生きている人の孤独、日本に住んでいるのに「いつ国に帰るの？」と聞かれる人の孤独。孤独な人同士で一緒に泣くことも、怒ることも、頑張りましょうとお互いを応援することもできたけど、そのたびに気づいたのは「これじゃ足りない」ということだった。僕らの孤独の住所は日本だ。日本に、この孤独を見てもらいたい。

それが、僕を再び歌へ導いた。僕の歌を聴いてくれる人は一〇人か、せいぜい一〇〇人ぐらいで少ないかもしれないけど、それでも彼女やどこかの力を持たない外国人労働者よりは日本に聴かれるはずだ。まずは僕と彼女の話から、以前ならできなかった素直なアプローチで歌詞を書き始めた。「ラップがうまい俺様すごい」以外に大した話ができなかった昔の自分と比べて、今はやりたい話とやらなきゃいけない話が多すぎて時間が足りない。カッコよくラップを聴かせてカッコよく自分を見せることに夢中だった昔と比べて、今は僕と周りの話を効果的に伝えなきゃいけないからその方法の工夫で時間が足りない。僕は「人生は幸せになるために生きるもの」と簡単にまとめちゃう考え方が大嫌いだが、それでも自分の孤独で他の何も見えていなかった昔と比べれば、今の方が幸せとは言えるかもしれない。

歌は、行ったことのないところへ僕を連れていった。ライブはもちろん、トークショーや講演会、各種媒体のインタビュー、新聞取材、テレビ出演、地上波ラジオ出演、芸術祭出展、講師の依頼、小説、そして今あなたが読んでいるこの文章の執筆まで。孤独から逃げるために注目が必要だったから「ラップのカッコよさ」とか「誰がイケてるか」などを歌った「Fight Club」の時期には想像もできなかった活動だ。「一人じゃない」「寂しさ」「僕らは」などの曖昧な言葉を使わずに、具体的かつ詳細に僕と彼女の世界を描いたら、共感できないはずの立場の人々からも共感してもらった。「Fight Club」で一瞬味わったほどの人気はないかもしれないが、今は人気ではなく力が欲しい。夏が過ぎると忘れられるヒット曲の甘い人気ではなく、聴く人の胸に僕と彼女の話を刻める力が。

僕はまだ孤独なんだろうか。難しい。今ならもう孤独じゃないと言ってもいいかもしれない。「二人のグリーンハウスは日本って海を泳ぐちっちゃい船」と歌ったが、その海で他の小さい船にもたくさん出会ったからだ。僕や彼女みたいに「普通の日本人」に入らない人も、いわゆる「普通の日本人」に入る人も、僕の歌がきっかけでつながって僕らの話を聞いてくれた。僕の音楽を信じてくれる社長とプロデューサー、グリーンハウス二五号に会いに来てくれたファン……孤独を感じる理由は、もう無いかもしれない。

しかし、僕はまだ孤独だ。「韓国人ってお酒強いでしょ」ではなく、「犬食うクソチョンは死ね」と言う人々にも出会ったからだ。今まで想像できなかったスケールの活動ができるようになると、今までとは桁が違う反発にもぶつかった。そう、ここは大学なんかじゃない。素顔の、本当の日本で僕は歌っている。どの新聞やテレビチャンネルを見てもこの国では生きていけないと思わせられた日。ヤフーニュースに上がった僕のインタビューへのヘイトコメントが九〇〇件を超えて、傷ついてほしくないから記事を読まないでと彼女に頼んだ日。脅迫、誤解、笑いと皮肉。「お前なんかに、何ができるんだ、あん？」

ぼくがなんかいうと
じきにみなが　笑つてかかる
「夢みたいなことをいうな」と
ぼくまでもが
そうかなあと　思つてしまう

それでも　ぼくは
あきらめられないので
その　夢みたいなものを
ほんきで夢みようとする

そんなことで
もう友らは　ひやかしてもくれない
「またか！」というようなもんだ
それでも夢を　捨てかねて
ぼくは一人で　もちあぐんでいる
——金時鐘「夢みたいなこと」

一九五〇年に書かれたこの詩に、僕は二〇一九年に出会った。金時鐘が日本に渡ってきて一年が経った時期に書いたこの詩は、彼の代表作には選ばれないかもしれない。何十年に渡る彼の詩作活動においてこの詩がどんな意味を持つのかも分からない。彼の書いた

「夢」が社会主義革命を意味するのか、祖国朝鮮の南北統一のことなのか、結婚と家族なのか、日本の民主主義の成熟なのか、立身出世なのか、素直に言って僕には分からない。

何も分からないけど、大阪大学の図書館でこの詩を読んだ僕は、その場で泣いてしまった。最近メディアの韓国叩きに疲れて、どこの媒体からもいかつい「戦うラッパー」として描かれることに飽きていた僕は、疑っていた。僕の歌は、エンターテインメントとして消費されるだけで終わっちゃうだろうと。根強い日本の壁にぶつかって、力のない波みたいに砕け散ってしまうだろうと。歌の力が信じられなくなって、ただ近い人々と孤独を話し合うことで自分を慰めるようになるだろうと。全て若かった時の「夢」にしちゃって、また頭を下げて簡単な道を探すだろうと。一九五〇年の金時鐘も、同じことを恐れていただろうか。

でも一人でもちあぐんでいた金時鐘の孤独を前にしては、弱音は吐けなくなってしまった。それから七〇年、日本は変わったと、さらにこれからも変われると、七〇年後の日本の子どもたちに言ってあげるために、今変えなければならない。彼のために、声を持たない誰かのために、「君一人じゃない」と大きい声で叫ばなければならない。日本で生まれたけど日本で住所が持てない我らの孤独を、日本の皆に伝えなければならない。イヤホンを耳に刺した。再びペンを握った。涙が止まらないかぎり、僕も止まらない。

この島のどこかで
君が手を上げるまで
寂しくて怖いけど
ずっと歌うよ

見せて手のひら(ひら、ひら)
見せて手のひら(ひら、ひら)
見せて手のひら(ひら、ひら)
見せて手のひら(ひら、ひら)

——Moment Joon「TENO HIRA」

MOMENT JOON
ラッパー。ソウル特別市出身、大阪府池田市井口堂在住。移民である自身の経験に根ざした唯一無二の表現を追求し、2020年のファーストアルバム『Passport & Garcon』では、日本社会における排外主義の興隆や差別意識の蔓延、同調圧力、シニシズムといったものを怒りや不安とともに突きつけ、その上で「君が居るから日本は美しい」と歌って大きな反響を呼んだ。執筆の分野でも『文藝』(河出書房新社)に自身の徴兵体験をもとにした小説「三代　兵役、逃亡、夢」を発表するなど、多方面に活躍している。

本書は岩波書店のWEBマガジン「たねをまく」に連載された「日本移民日記」(2020年11月～2021年9月)に適宜加筆・修正を行った。付録「僕らの孤独の住所は日本」は『図書』2020年1月号に掲載された。

日本移民日記

2021年11月26日　第1刷発行
2022年 1 月14日　第2刷発行

著　者　MOMENT JOON《モーメント ジューン》

発行者　坂本政謙

発行所　株式会社 岩波書店
〒101-8002 東京都千代田区一ツ橋2-5-5
電話案内 03-5210-4000
https://www.iwanami.co.jp/

印刷・製本　法令印刷

ISBN 978-4-00-061504-4　Printed in Japan